Luise Stribrny de Estrada

"Dein Wort ward meine Speise"

Luise Stribrny de Estrada

"Dein Wort ward meine Speise"

Predigten zum Alten und Neuen Testament

Fromm Verlag

Impressum / Imprint
Bibliografische Information der Deutschen Nationalbibliothek: Die Deutsche Nationalbibliothek verzeichnet diese Publikation in der Deutschen Nationalbibliografie; detaillierte bibliografische Daten sind im Internet über http://dnb.d-nb.de abrufbar.

Bibliographic information published by the Deutsche Nationalbibliothek: The Deutsche Nationalbibliothek lists this publication in the Deutsche Nationalbibliografie; detailed bibliographic data are available in the Internet at http://dnb.d-nb.de.

Verlag / Publisher:
Fromm Verlag
ist ein Imprint der / is a trademark of
OmniScriptum GmbH & Co. KG
Heinrich-Böcking-Str. 6-8, 66121 Saarbrücken, Deutschland / Germany
Email: info@frommverlag.de

Herstellung: siehe letzte Seite /
Printed at: see last page
ISBN: 978-3-8416-0456-9

Für meine Eltern

Erika und Wolfgang Stribrny

Dein Wort ward meine Speise, sooft ich's empfing und dein Wort ist meines Herzens Freude und Trost; denn ich bin ja nach deinem Namen genannt, Herr, Gott Zebaoth.

Jeremia 15,16

Inhaltsverzeichnis

Vorwort

Predigten über das Alte Testament

Das verlorene Paradies	Genesis 3,1-24	9
Verstehen?	Genesis 11,1-9	15
Opfer bringen	Genesis 22,1-13	19
Familiengeschichten	Genesis 50,15-21	25
Jenseits des Bekannten	Exodus 3,1-14	30
An der Quelle	Psalm 1	36
Die Dolmetscherin	Jesaja 2,1-5	40
Bei mir bist du schön	Jesaja 43,1-7	45
Ich will Neues schaffen	Jesaja 43,19	50
Gnade versus Zorn	Jesaja 54,7-10	54
Gott sei Dank!	Jesaja 58,7-12	58
Gott braucht mich	Jeremia 1,4-10	63
Auf dem Weg zum Leben	Klagelieder 3,21-26.31+32	67

Predigten über die Evangelien

Schatten	Markus 8,22-26	72
Transparent	Johannes 2,1-11	77
Neu anfangen	Johannes 3,1-8	82
Gott wohnt, wo man ihn einlässt	Johannes 4,19-26	87
Wunder-Brot	Johannes 6,1-15	92
Brot zum Leben	Johannes 6,30-35	97
Durst nach Leben	Johannes 7,37-39	102

Eine Chance	Johannes 8,3-11	106
Die Freiheit der Gotteskinder	Johannes 8,31-36	110

Predigten in der Weihnachts- und Osterzeit

Alles ist möglich bei Gott	Lukas 1,26-38	115
Magnificat	Lukas 1,39-56	121
Gott hat Großes mit mir vor!	Lukas 1,39-56	128
Benedictus	Lukas 1,68-79	133
Was soll das bedeuten?	Lukas 2,1-20	137
Draußen bei den Hirten	Lukas 2,8-20	142
Kinder des Lichts	Johannes 1,5	147
Einzug	Johannes 12,12-19	153
Unterm Kreuz	Johannes 19,16-30	158
Die Wende	Johannes 20,11-18	163

Vorwort

Die in diesem Band vorgelegten Predigten sind für Gemeinden in Kiel und Lübeck entstanden, in denen ich Pastorin war bzw. bin, und für die deutschsprachige Auslandsgemeinde in Mexiko, in der ich acht Jahre tätig war. Hinzu kommt eine virtuelle Gemeinde durch die Predigten, die ich regelmäßig im Internet veröffentliche.

Die beiden Gemeinden in der Nordkirche sind volkskirchlich geprägt, während die Gemeinde in Mexiko in zweierlei Hinsicht eine Diasporagemeinde ist: Zum einen ist sie evangelisch in einem überwiegend katholischen Umfeld, zum anderen unterscheidet sie sich durch die Sprache von ihrer spanischsprachigen Umgebung. Eine Besonderheit in Mexiko ist zudem, dass es sich um eine Bekenntnisgemeinde handelt, in die man bewusst eintritt. Die Internetpredigten, die ich für die „Göttinger Predigten im Internet" und für die „Online-Predigten" verfasse, richten sich in erster Linie an Pastorinnen und Pastoren und wollen Anregung für die sonntäglichen Predigten sein. Bei diesen Predigten abstrahiere ich von der aktuellen Situation vor Ort in der Gemeinde und formuliere sie in der Regel allgemeiner, damit sie für andere verständlicher und nachvollziehbarer werden.

Wenn ich predige, ist die mich leitende Frage „Wie kann ich den biblischen Text mit unserer Situation heute ins Gespräch bringen?" Anders formuliert: „Was will und kann uns die Bibel heute sagen?" Um zu einem fruchtbaren Dialog zu kommen, gehe ich verschiedene Wege. Ich beziehe mich zum einen auf politische Ereignisse wie den Sturz Saddam Husseins im Irak oder die Hochwasserkatastrophe in Deutschland, weil es mir wichtig ist, die aktuellen Geschehnisse, die uns täglich beschäftigen, in den Gottesdienst einzubeziehen. „Man muss die Bibel und die Zeitung nebeneinander lesen!", ist ein Leitsatz, den ich von meinem Professor Fulbert Steffensky übernommen habe. Zum anderen nehme ich gerne Anregungen aus der Kunst auf: sei es ein Gedicht, eine Gemäldeausstellung oder ein Film. Oft verarbeiten Künstler ähnliche Erfahrungen wie die, die sich in den biblischen Texten widerspiegeln, und können so helfen, diese zu aktualisieren oder aus einem neuen Blickwinkel zu sehen. Natürlich fließen auch Themen, die in der Gemeinde virulent sind, in die Predigten ein und finden dort ihren Niederschlag, ebenso wie das, was mich persönlich in verschiedenen Lebensphasen beschäftigt.

Durch mein Studium in den achtziger Jahren bin ich geprägt von der feministischen Theologie und der Befreiungstheologie. In einigen Predigten wird das deutlich, vor allem bei den Marienpredigten in der Advents- und Weihnachtszeit und in der Osterpredigt über Maria Magdalena. Ich nehme hier die Perspektive der Frau ein, die im Mittelpunkt steht, und identifiziere mich mit ihr, um eine neue Sichtweise auf den Bibeltext zu ermöglichen und ihn transparent zu machen für die Erfahrungen von Frauen heute.

Die Situation, in der wir uns als Kirche und als Christen/innen befinden, ist durch die zunehmende Säkularisierung gekennzeichnet. Oft sind wir in der Position, uns zu rechtfertigen: An Gott zu glauben und diesen Glauben auch auszudrücken ist immer weniger selbstverständlich. Deshalb suche ich nach Antworten auf die Fragen: Wie können wir unseren Glauben leben und als Christen Zeichen setzen?

Es gibt einige Themen, die in verschiedenen Predigten wiederkehren. Da ist die Frage: Wer ist Gott? Wie kann ich ihn erfassen und mit ihm in einen Dialog treten? Mich beschäftigen die Sakramente Taufe und Abendmahl als sichtbare Zeichen der Gegenwart Gottes. Ich möchte sie für Menschen heute interpretieren, so dass sie gestärkt werden an Körper, Seele und Geist.

Die Sprache in meinen Predigten will verständlich und konkret sein, nicht abgehoben. Dabei ist es mir wichtig, ein gewisses Niveau zu wahren und nicht so zu sprechen wie in einer alltäglichen Unterhaltung. Das hat zu tun mit Respekt vor den großen Themen des Lebens und des Glaubens, die einer adäquaten Form bedürfen und denen eine schöne Sprache zusteht. Die Übersetzung, die ich in meinen Predigten benutze, ist die Luther-Übersetzung in der revidierten Fassung von 1984.

Mein Dank gilt denen, die mich bei der Arbeit an diesem Buch unterstützt haben: meiner Mutter Erika Stribrny, Kristina Schilling und meinem Mann Marco Estrada Saavedra.

Lübeck, den 31. August 2014

Predigten über das Alte Testament

Das verlorene Paradies – Adam, Eva und die Schlange[1]

Liebe Geschwister im Glauben!

„Das verlorene Paradies", so heißt eine Ausstellung mit Bildern von Paul Gauguin, die Ende letzten Jahres in Berlin gezeigt wurde. Gauguin malte in Tahiti das, was ihm wie das Paradies erschien: Inmitten einer südlichen Landschaft bewegen sich Frauen im Einklang mit der Natur, oft sind sie nackt oder nur halb bekleidet. Auf einem Bild sieht man eine junge Frau, die eine große Frucht in der Hand hält, vielleicht hat sie sie gerade von dem Baum gepflückt, dessen Äste über ihrem Kopf zu sehen sind. Sie hält das Gesicht halb dem Betrachter zugewandt und schaut uns nachdenklich, etwas melancholisch an.

Der Maler suchte das Leben, das er sich erträumte, weitab von der geschäftigen Großstadt Paris mit ihrer Sucht nach Reichtum und ihren gesellschaftlichen Intrigen. Er fand das Paradies auf den tahitianischen Inseln, wo er das Leben der Maori bewunderte und abbildete, aber selbst weitgehend Betrachter blieb. Er war ausgeschlossen aus diesem Paradies, vor dessen Toren er bewundernd und voller Sehnsucht stand und begehrte, eingelassen zu werden. Für ihn, den Europäer, war das Paradies längst verloren und eine Rückkehr dorthin unmöglich. So kann er nur von außen seine Schönheit und Harmonie bewundern und sich nach dem sehnen, was ihm verloren gegangen ist.

Auch für uns ist das Paradies verloren, wir leben nicht mehr in einem wunderbaren Urzustand in Harmonie mit allem, was uns in der Natur umgibt. Stattdessen mühen wir uns bei unserer Arbeit ab, erleiden Schmerzen und wissen, dass unser Leben

[1] Predigt über Genesis 3, 1-24 am Sonntag Invokavit 1999 in Kiel, Predigtreihe III, veröffentlicht bei den „Göttinger Predigten“.

begrenzt ist durch den Tod. Genau diese Einsicht ist der Ausgangspunkt für die mythische Erzählung am Anfang der Bibel, die von Eva handelt, die die verbotene Frucht isst. Die Erzählung beginnt damit, dass einer hinsieht und das beschreibt, was er um sich herum erlebt. Er öffnet die Augen und nimmt wahr, was ist: Es gibt Männer und Frauen. Die Frauen bekommen Kinder, dabei und während der Schwangerschaft leiden sie unter Beschwerden und Mühen. Die Männer dominieren die Frauen, sagen ihnen oft, was zu tun ist und wie sie sich zu entscheiden haben, auch das sieht er. Den Männern geht es nicht besser. Ihr Alltag ist von Beschwernissen gekennzeichnet. Sie arbeiten auf dem Acker im Schweiße ihres Angesichtes, aber oft genug trägt er ihnen nur Dornen und Disteln. Nach all der Mühe und Arbeit sterben sie irgendwann und werden wieder zu Erde, aus der sie einst, der Sage nach, von Gott gemacht wurden. So sieht die Bestandsaufnahme aus. Nicht gerade rosig, nicht besonders erstrebenswert. "Unser Leben währet 70 Jahre, und wenn‘s hoch kommt, so sind‘s achtzig Jahre, und was daran köstlich scheint, ist doch nur vergebliche Mühe.“ (Psalm 90,10)

Und der, der das feststellt, fragt sich: Muss unser Leben so sein? Gibt es keinen anderen Entwurf? Hat Gott sich unser Leben wirklich so vorgestellt, Gott, der doch das Beste für uns, seine geliebten Kinder, will? Die Antwort lautet: Gott kann sich unser Leben nur anders gedacht haben. Und der Autor entwirft, ausgehend von Mythen in seiner Umwelt, ein Bild davon, wie Gott die Welt ursprünglich eingerichtet hatte: Gott pflanzte einen Garten mit vielen Bäumen und Flüssen, bevölkert von Tieren und Vögeln und setzte den Menschen dort hinein, damit er ihn bebaute und bewahrte. Der Mensch bestand aus einem Paar, Mann und Frau, die in diesem paradiesischen Garten wohnten. Ein wunderbarer Urzustand, fast zu schön, um wahr zu sein. Etwas ganz anderes als die schwere Arbeit auf dem unfruchtbaren Ackerboden und das mühevolle Gebären von Kindern.

Und jetzt wird die Frage aufgeworfen, die kommen muss: Warum leben wir nicht mehr in diesem Paradies? Warum ernähren wir uns nicht weiterhin von den Früchten des Gartens und dem Wasser der vielen Flüsse und leben in Eintracht mit den Tieren? Wie sind wir sozusagen vom Himmel auf die Erde gefallen?

Darauf antwortet die Erzählung von Eva und der Schlange. Sie erklärt, wie das Paradies verloren gegangen ist:

„Aber die Schlange war listiger als alle Tiere auf dem Felde, die Gott der HERR gemacht hatte, und sprach zu der Frau: Ja, sollte Gott gesagt haben: ihr sollt nicht essen von allen Bäumen im Garten? Da sprach die Frau zu der Schlange: Wir essen von den Früchten der Bäume im Garten; aber von den Früchten des Baumes mitten im Garten hat Gott gesagt: Esset nicht davon, rühret sie auch nicht an, dass ihr nicht sterbet! Da sprach die Schlange zur Frau: Ihr werdet keineswegs des Todes sterben, sondern Gott weiß: an dem Tage, da ihr davon esset, werden eure Augen aufgetan, und ihr werdet sein wie Gott und wissen, was gut und böse ist. Und die Frau sah, dass von dem Baum gut zu essen wäre und dass er eine Lust für die Augen wäre und verlockend, weil er klug machte. Und sie nahm von der Frucht und aß und gab ihrem Mann, der bei ihr war, auch davon, und er aß. Da wurden ihnen beiden die Augen aufgetan, und sie wurden gewahr, dass sie nackt waren, und flochten Feigenblätter zusammen und machten sich Schurze.

Und sie hörten Gott den HERRN, wie er im Garten ging, als der Tag kühl geworden war. Und Adam versteckte sich mit seiner Frau vor dem Angesicht Gottes des HERRN unter den Bäumen im Garten. Und Gott der HERR rief Adam und sprach zu ihm: Wo bist du? Und er sprach: Ich hörte dich im Garten und fürchtete mich; denn ich bin nackt, darum versteckte ich mich. Und er sprach: Wer hat dir gesagt, dass du nackt bist? Hast du nicht gegessen von dem Baum, von dem ich dir gebot, du solltest nicht davon essen? Da sprach Adam: Die Frau, die du mir zugesellt hast, gab mir von dem Baum, und ich aß. Da sprach Gott der HERR zur Frau: Warum hast du das getan? Die Frau sprach: Die Schlange betrog mich, so dass ich aß.

Da sprach Gott der HERR zu der Schlange: Weil du das getan hast, seist du verflucht, verstoßen aus allem Vieh und allen Tieren auf dem Felde. Auf deinem Bauche sollst du kriechen und Erde fressen dein Leben lang. Und ich will Feindschaft setzen zwischen dir und der Frau und zwischen deinem Nachkommen und ihrem Nachkommen; der soll dir den Kopf zertreten, und du wirst ihn in die Ferse stechen.

Und zur Frau sprach er: Ich will dir viel Mühsal schaffen, wenn du schwanger wirst; unter Mühen sollst du Kinder gebären. Und dein Verlangen soll nach deinem Manne sein, aber er soll dein Herr sein.

Und zum Manne sprach er: Weil du gehorcht hast der Stimme deiner Frau und gegessen von dem Baum, von dem ich dir gebot und sprach: Du sollst nicht davon essen -, verflucht sei der Acker um deinetwillen! Mit Mühsal sollst du dich von ihm nähren dein Leben lang. Dornen und Disteln soll er dir tragen, und du sollst das Kraut auf dem Felde essen. Im Schweiße deines Angesichts sollst du dein Brot essen, bis du wieder zu Erde werdest, davon du genommen bist. Denn du bist Erde und sollst zu Erde werden.

Und Adam nannte seine Frau Eva; denn sie wurde die Mutter aller, die da leben. Und Gott der HERR machte Adam und seiner Frau Röcke von Fellen und zog sie ihnen an. Und Gott der HERR sprach: Siehe, der Mensch ist geworden wie unsereiner und weiß, was gut und böse ist. Nun aber, dass er nur nicht ausstrecke seine Hand und breche auch von dem Baum des Lebens und esse und lebe ewiglich! Da wies ihn Gott der HERR aus dem Garten Eden, dass er die Erde bebaute, von der er genommen war. Und er trieb den Menschen hinaus und ließ lagern vor dem Garten Eden die Cherubim mit dem flammenden, blitzenden Schwert, zu bewachen den Weg zu dem Baum des Lebens."

Die Schlange stachelt Eva auf, etwas zu tun, was Gott ausdrücklich verboten hat. Sie malt ihr aus, was die Früchte bewirken werden: „Eure Augen werden sich klären und ihr werdet sein wie Gott und wissen, was gut und böse ist." Eva bekommt Appetit auf die schönen Früchte, und es erscheint ihr verlockend, dass sie durch sie klug werden kann. Ihre Neugier und ihre Lust auf Erkenntnis bezähmt sie nicht länger, sondern greift zu, nimmt und isst und gibt auch ihrem Mann. Da erkennen sie, dass sie nackt sind. Können sie jetzt auch Gut und Böse unterscheiden? Sind sie wie Gott? Das bleibt offen. Aber sie müssen die Folgen dafür tragen, dass sie die Grenze überschritten haben, die Gott ihnen gesetzt hat. Zur Strafe werden sie aus dem Garten Eden ausgewiesen und müssen sich dem mühseligen Leben außerhalb unterziehen.

In der biblischen Erzählung ist eindeutig, dass das Leben im Paradies für die Menschen angenehmer und erstrebenswerter war als es das Leben außerhalb ist. Ich frage mich aber, ob diese Wertung zwingend ist, ob wirklich das Leben im Paradies auf die Dauer besser ist als das Leben in der Welt. Würden Sie gerne im Paradies leben? Mir ginge es wahrscheinlich so, dass es mir dort nach einer Weile sehr langweilig werden würde. Es wäre eine träumerische Existenz als Teil der Natur, umgeben von Blüten und Vögeln, ohne zu arbeiten, ohne sich anzustrengen und dann auch die Früchte der Anstrengung zu sehen, ohne Kinder zur Welt zu bringen und sie aufwachsen zu sehen. Dieses Leben im Paradies wäre so, als bliebe man ewig Kind, brauchte noch keine Verantwortung zu tragen, sich keine Gedanken um Arbeit und Nahrung zu machen und würde versorgt. Irgendwann muss die Kindheit zu Ende gehen, damit wir unser Leben selbst in die Hand nehmen können, Verantwortung übernehmen für uns, unseren Partner und für Kinder und um uns ein eigenes Leben aufbauen.

Ohne Eva und ihre Lust an der Erkenntnis säßen wir noch immer im goldenen Käfig des Paradieses, im engen Gefängnis der Kindheit. Eigentlich hat sie den notwendigen Schritt des Ausbruchs aus dieser Enge getan und uns dazu verholfen, unser Leben anzupacken. Sie wollte mehr erkennen, als ihr zugedacht war, wollte klüger sein, als es ihr bestimmt war. Sie wollte sich nicht aufhalten lassen von den Grenzen, die ihr gesteckt worden waren. Diesen Drang nach Wissen und Erkenntnis kann ich verstehen und nachvollziehen.

In der Bibel wird das allerdings interpretiert als Überschreiten von Gottes Gebot, das der Mensch zu akzeptieren hat. Eva wird später zum Sinnbild des Menschen, der sich gegen Gott auflehnt. Aber hat Gott in der Geschichte nicht selbst schon den Stein des Anstoßes gelegt? Wenn die Menschen von allen Bäumen im Garten essen dürfen außer von dem Baum der Erkenntnis und dem Baum des Lebens, dann war doch vorauszusehen, dass gerade die Früchte dieser Bäume besonders reizvoll sein würden! Eigentlich musste Gott damit rechnen, dass die Menschen früher oder später der Versuchung nicht widerstehen würden, von diesen Bäumen zu kosten! Vielleicht wollte er sie damit auf die Probe stellen... Vielleicht hat er selbst geahnt, dass es so kommen würde...

Ich kann also den Drang nach Erkenntnis nicht als etwas ausschließlich Negatives verstehen und sehe das Verlassen des Paradieses als notwendigen Schritt zum Erwachsenwerden an. Und trotzdem bleibt die immer wieder aufbrechende Sehnsucht danach, im Paradies zu leben. Wir begehren auf und fragen uns: Wieso ist hier alles so mühsam? Warum müssen Menschen leiden und sterben? Warum hassen wir einander und bringen uns um, so wie Kain seinen Bruder Abel? In uns gibt es die Sehnsucht nach einem heilen Leben, nach Glück und Freiheit von Schmerzen. Wir ahnen, dass es etwas anderes geben könnte und träumen von einem Paradies, in dem alles im Lot ist. Es war einmal... Und so ein Paradies wünschen wir uns auch für die Zukunft, da würden wir gerne irgendwann einmal leben.

Was wir uns als Menschheit ausmalen, schlägt sich bei vielen einzelnen als Erinnerung an ihre eigene Kindheit nieder. Für viele von uns war die Kindheit eine glückliche Zeit, die vielleicht im Nachhinein in noch hellere Farben getaucht erscheint. Damals lebten wir geborgen im Schoß der Familie, wussten, dass wir geliebt waren. Wir fühlten uns gehalten und aufgehoben. Wir lebten in unseren Spielen und Phantasien, bauten uns Höhlen im Wald oder vergruben uns in unsere Lieblingsbücher. Wir spürten nur wenige Pflichten und Zwänge. Wer so eine Kindheit erlebt hat, trägt einen Schatz in sich, von dem er zehrt und nach dem er sich manchmal zurücksehnt. Gleichzeitig weiß er, dass eine Rückkehr in die Kindheit nicht mehr möglich ist, dass er oder sie als Erwachsener ihre Aufgaben zu erfüllen hat. Aber die wehmütige Erinnerung bleibt.

Was wird nun aus uns außerhalb des verlorenen Paradieses? In der biblischen Erzählung vertreibt Gott die Menschen aus dem Garten Eden und versperrt ihnen den Rückweg. Trotzdem hört er nicht auf, sich um die Menschen zu kümmern, sich um sie zu sorgen. Er macht für Adam und Eva, die ihre Nacktheit erkannt haben und sich ihrer schämen, Kleider aus Fellen und zieht sie ihnen selbst an. Obwohl sie sein Verbot übertreten haben, verstößt er sie nicht aus seiner Liebe und Fürsorge, sondern ist weiterhin für sie da und begleitet sie. Er verstößt sie aus dem Paradies, aber nicht aus seiner Liebe. Das stimmt für uns ebenso wie für Eva und Adam. Wir leben zwar nicht im Garten Eden und nicht im Paradies unserer eigenen Kindheit, aber wir sind trotzdem nicht von Gott getrennt oder von ihm vergessen. Er sorgt für uns, damit wir das haben, was wir zum Leben brauchen. Er hat uns nicht vergessen, und er lässt uns nicht alleine.

Deshalb können wir auch außerhalb des Paradieses unsere Wege gehen, im Vertrauen darauf, dass er uns begleitet.
Amen.

Verstehen? – Der Turmbau zu Babel[2]

Liebe Schwestern und liebe Brüder!

Sich verstehen – das ist gut! Sich zu verstehen ist ein Grund zu feiern. Das tun wir zu Pfingsten. Da versteht plötzlich eine den anderen, obwohl er aus einem fremden Land kommt. Da spielen die unterschiedlichen Sprachen keine Rolle mehr. Gottes Geist sorgt dafür, dass die Sprachbarrieren fallen. Ein Wunder!

Wirklich ein Wunder, denn sehr oft erleben wir etwas anderes. Verschiedene Sprachen schieben sich trennend zwischen uns, es fällt schwer, den anderen und das, was ihn geprägt hat, zu verstehen. Vor kurzem habe ich das bei einem Traugespräch erlebt. Als ich fragte, warum der Bräutigam aus der Kirche ausgetreten sei, erklärte mir die Braut, die Kirchensteuer sei ihm zu teuer und sie würden sowieso nie in die Kirche gehen. Ich antwortete, aber trotzdem sei es ihnen doch wichtig, dass an bestimmten Punkten ihres Lebens die Kirche für sie da sei, wie bei der Hochzeit oder auch bei einer Taufe. Das zu ermöglichen, koste Geld. Die Braut entgegnete, dass sie nicht planen würden, Kinder zu haben. Daraufhin ich: „Auch wenn ich keine eigenen Kinder hätte, wäre es mir wichtig, dass Kinder mit Kirche in Berührung kommen und in eine Gemeinschaft hineinwachsen können durch Taufe oder Kindergottesdienst." Die Braut entgeistert: „Aber wer macht das denn heute noch? Wen interessiert das noch? Ich glaube, wir leben in ganz verschiedenen Welten!"

Verschiedene Welten, verschiedene Sprachen. Braut und Bräutigam sind beide in Deutschland aufgewachsen, sind getauft und konfirmiert in der evangelischen Kirche. Aber das, was mich als Kirchenfrau bewegt, ist für sie so fremd, als käme ich von einem anderen Stern. Wir haben es schwer, zueinander zu kommen, weil wir uns in ganz unterschiedlichen Welten bewegen.

[2] Internet-Predigt über Genesis 11,1-9 zu Pfingstmontag 2011 in Lübeck, Predigtreihe III, veröffentlicht im Internet (Online-Predigten).

Auch unser Predigttext erzählt eine Geschichte vom Nicht-Verstehen. Es ist eine Gegengeschichte zu der Begeisterung und Harmonie von Pfingsten: die Geschichte vom Turmbau zu Babel. Hören wir jetzt aus dem 1. Buch Mose im 11. Kapitel:

„Es hatte aber alle Welt einerlei Zunge und Sprache. Als sie nun nach Osten zogen, fanden sie eine Ebene im Lande Schinar und wohnten daselbst. Und sie sprachen untereinander: Wohlauf, lasst uns Ziegel streichen und brennen! - und nahmen Ziegel als Stein und Erdharz als Mörtel und sprachen: Wohlauf, lasst uns eine Stadt und einen Turm bauen, dessen Spitze bis an den Himmel reiche, damit wir uns einen Namen machen; denn wir werden sonst zerstreut in alle Länder.
Da fuhr der HERR hernieder, dass er sähe die Stadt und den Turm, die die Menschenkinder bauten. Und der HERR sprach: Siehe, es ist einerlei Volk und einerlei Sprache unter ihnen allen, und dies ist der Anfang ihres Tuns; nun wird ihnen nichts mehr verwehrt werden können von allem, was sie sich vorgenommen haben zu tun. Wohlauf, lasst uns herniederfahren und dort ihre Sprache verwirren, dass keiner des andern Sprache verstehe!
So zerstreute sie der HERR von dort in alle Länder, dass sie aufhören mussten, die Stadt zu bauen. Daher heißt ihr Name Babel, weil der HERR daselbst verwirrt hat aller Länder Sprache und sie von dort zerstreut hat in alle Länder."

Mir fällt beim wiederholten Lesen des „Turmbaus zu Babel" auf, dass viel von Angst die Rede ist. Die Menschen bauen den Turm aus Angst, sonst zerstreut zu werden, als Orientierungsmerkmal, das von weitem zu sehen sein soll. Die Ironie liegt darin, dass sie gerade deshalb zerstreut werden, *weil* sie den Turm bauen.

Aber nicht nur die Menschen haben Angst, auch Gott fürchtet sich. Er fühlt sich durch die Einigkeit der Menschen bedroht und sieht voraus, dass ihnen auch alles andere gelingen wird, wenn sie erst einmal den Turm fertig gestellt haben. Deshalb gebietet er Einhalt und verwirrt ihre Sprache, so dass keiner mehr den anderen versteht. Was der andere sagt, klingt nur noch wie unverständliches Gebrabbel, auf hebräisch: „Babel". Gott erreicht damit sein Ziel: Die Menschen hören auf, den Turm zu bauen und zerstreuen sich in verschiedene Länder.

Was ist das für ein Gott, der uns in dieser Geschichte begegnet? Mich provoziert dieser Tyrann, der eifersüchtig über seine Macht wacht. Der von der Angst geplagt ist, seine Privilegien zu verlieren. Nein, das ist nicht mein Gott!

Mir hilft hier die theologische Kritik, die herausgearbeitet hat, dass diese Geschichte vom Anfang der Menschheit erklären will, wie die verschiedenen Sprachen entstanden sind. Die Menschen vor 3.000 Jahren stellten fest, dass die Nachbarvölker andere Sprachen hatten, die sie nicht verstanden, und fragten sich, warum das so sei. Sie entwickelten nach und nach die Geschichte vom Turmbau zu Babel, um zu erklären, dass es nach Gottes Willen die unterschiedlichen Sprachen geben soll. Er wollte so verhindern, dass die Menschen größenwahnsinnig werden. Heute wissen wir, dass es nie eine gemeinsame Ursprache gegeben hat. In verschiedenen Gegenden der Welt haben sich Sprachen entwickelt, weil alle Menschengruppen das Bedürfnis hatten, sich miteinander zu verständigen.

Ich sehe die Vielfalt der Sprachen als Reichtum an, nicht als eine Strafe Gottes. Mich fasziniert, eine neue Sprache zu lernen und damit in das Denken und die Kultur eines anderen Volkes einzudringen. Es wäre, finde ich, ein Verlust, wenn wir auf der ganzen Welt nur eine einzige Sprache hätten.

Das Wunder zu Pfingsten ist, dass die verschiedenen Sprachen verständlich werden. Sie verschwinden nicht, werden nicht eingestampft zu einem Einheitsbrei, aber die Menschen verstehen einander. Alle Gäste aus dem Ausland, die sich in Jerusalem versammelt haben, hören die Jünger Jesu in ihrer jeweiligen Sprache reden: griechisch, lateinisch, persisch, ägyptisch und noch viele mehr. Sie wissen, dass diese galiläischen Fischer diese Sprachen nicht gelernt haben können. Wie das auch immer zugeht, auf jeden Fall hört jeder in seiner Muttersprache, was die Jünger von Tod und Auferstehung Jesu erzählen. So geht es ihnen direkt zu Herzen. Sie lassen sich anrühren und dann auch taufen.

Diese neuen Christen wachsen zu einer Gemeinschaft zusammen. Sie treffen sich täglich zum Gottesdienst, feiern das Abendmahl und teilen miteinander, was sie zum

Leben brauchen. Das klingt wunderbar und ist ein Vorbild für alle christlichen Gemeinden, auch heute noch. Streitigkeiten blieben damals nicht aus, nicht alles war ideal, aber es trägt der Glaube an Jesus Christus, der alle eint. Daraus erwächst eine Gemeinschaft, die auch die Menschen beeindruckt, die nicht dazugehören. Die junge Gemeinde setzt sich für diejenigen ein, die sonst in der Gesellschaft verachtet werden: die Armen, die Kranken und die Frauen. Sie gehören als gleichberechtigte Mitglieder zur Gemeinschaft dazu.

Auch heute erleben wir, dass Menschen sich gemeinsam für etwas einsetzen. Viele, nicht alle, werden dazu durch ihren christlichen Glauben ermutigt. Ich denke an die Bewegung gegen Atomkraft, die es mit langem Atem geschafft hat, dass in Deutschland die Atomkraftwerke tatsächlich stillgelegt werden. Dafür haben Menschen sich zusammengeschlossen und nicht auseinanderreißen lassen, so haben sie schließlich die anderen überzeugt. Sie hatten unterschiedliche Motive: Die einen setzten sich ein, weil sie Christen sind und die Schöpfung bewahren wollen, die anderen, weil sie zur Ökologiebewegung gehören. Die einen, weil sie selbst gefährdet sind durch ein Atomkraftwerk in der Nähe, die anderen, weil sie generell skeptisch gegenüber dem sind, was von oben beschlossen wird. Schließlich haben sie es alle zusammen erreicht, dass erneuerbare, umweltfreundliche Energien gefördert werden.

Ein Funke von Pfingsten, vom Geist Gottes? Ich denke ja. Es ist etwas Besonderes, dass Menschen, die eine unterschiedliche Herkunft haben, sich verständigen und für dieselbe Idee einsetzen. Und wenn das gelingt, was sie anstreben, ist es ein Wunder. Amen.

.

Opfer bringen – Gott versucht Abraham[3]

Liebe Schwestern und Brüder!

Hören wir den Predigttext aus dem 1. Buch Mose im 22. Kapitel:

„Nach diesen Geschichten versuchte Gott Abraham und sprach zu ihm: Abraham! Und er antwortete: Hier bin ich. Und er sprach: Nimm Isaak, deinen einzigen Sohn, den du liebhast, und geh hin in das Land Morija und opfere ihn dort zum Brandopfer auf einem Berge, den ich dir sagen werde.

Da stand Abraham früh am Morgen auf und gürtete seinen Esel und nahm mit sich zwei Knechte und seinen Sohn Isaak und spaltete Holz zum Brandopfer, machte sich auf und ging hin an den Ort, von dem ihm Gott gesagt hatte. Am dritten Tage hob Abraham seine Augen auf und sah die Stätte von ferne und sprach zu seinen Knechten: Bleibt ihr hier mit dem Esel. Ich und der Knabe wollen dorthin gehen, und wenn wir angebetet haben, wollen wir wieder zu euch kommen.

Und Abraham nahm das Holz zum Brandopfer und legte es auf seinen Sohn Isaak. Er aber nahm das Feuer und das Messer in seine Hand; und gingen die beiden miteinander. Da sprach Isaak zu seinem Vater Abraham: Mein Vater! Abraham antwortete: Hier bin ich, mein Sohn. Und er sprach: Siehe, hier ist Feuer und Holz; wo ist aber das Schaf zum Brandopfer? Abraham antwortete: Mein Sohn, Gott wird sich ersehen ein Schaf zum Brandopfer. Und gingen die beiden miteinander.

Und als sie an die Stätte kamen, die ihm Gott gesagt hatte, baute Abraham dort einen Altar und legte das Holz darauf und band seinen Sohn Isaak, legte ihn auf den Altar oben auf das Holz und reckte seine Hand aus und fasste das Messer, dass er seinen Sohn schlachtete.

Da rief ihn der Engel des HERRN vom Himmel und sprach: Abraham! Abraham! Er antwortete: Hier bin ich. Er sprach: Lege deine Hand nicht an den Knaben und tu ihm nichts; denn nun weiß ich, dass du Gott fürchtest und hast deines einzigen Sohnes nicht verschont um meinetwillen.

Da hob Abraham seine Augen auf und sah einen Widder hinter sich in der Hecke mit seinen Hörnern hängen und ging hin und nahm den Widder und opferte ihn zum Brandopfer an seines Sohnes Statt.

Und Abraham nannte die Stätte »Der HERR sieht«. Daher man noch heute sagt: Auf dem Berge, da der HERR sieht.“

[3] Predigt über Genesis 22,1-14 am Sonntag Judika 2005 in Mexiko, Predigtreihe III.

Um Abrahams Versuchung, die Opferung Isaaks geht es heute. Was Gott da von Abraham verlangt, ist ungeheuerlich: Seinen eigenen Sohn, das Liebste, was er hat, zu opfern. Jedes Mal, wenn ich das höre oder lese, bin ich entsetzt und irritiert: Das kann doch nicht Gott sein, der das von einem Menschen erwartet und ihn bis an die äußerste Grenze führt! Das erinnert an pagane Menschenopfer und ist so grausam, dass ich mir das von unserem Gott weder vorstellen kann noch vorstellen will! Kann diese Erzählung uns noch etwas anderes sagen, noch etwas anderes in uns hervorrufen als empörte Abwehr? Gibt es darin einen Sinn oder sollten wir sie besser weder lesen noch predigen und so dem Vergessen preisgeben?

Ich möchte Euch einladen, euch doch mit mir auf den Weg in diese Geschichte hinein zu machen, hin zum Berg Morija, drei Tagesreisen weit. Der Weg beginnt mit Gottes Aufforderung an Abraham: „Nimm Isaak, deinen einzigen Sohn, den du liebst, und geh hin und opfere ihn mir!"

Ich würde Abraham gerne fragen: Was hast du in diesem Moment gedacht und gefühlt? Warst du verstört, aufgewühlt, außer dir? Oder so ruhig, wie du dem Anschein nach in der biblischen Erzählung bist, wo du einfach früh am nächsten Morgen alles zum Aufbruch richtest? Hast du Gott nicht angeschrien und zu ihm gesagt: „Geh weg von mir! Das kann nicht sein! Ich weigere mich, das zu tun!" Ich stelle mir vor, Abraham, dass du ihm gerne vorgehalten hättest: „Erst haben Sara und ich so viele Jahre lang auf den von dir versprochenen Sohn gewartet und jetzt soll ich ihn dir sinnlos opfern? Welches grausame Spiel treibst du da mit mir? Bist du wirklich der Gott, den ich kenne, oder nicht vielmehr ein Dämon?" Und warum, Abraham, hast du nicht die andere Möglichkeit angeboten, wenn es denn schon ein Opfer sein sollte: „Nimm doch mein Leben als Opfer anstelle meines Kindes, du schrecklicher Gott!" Warum hast du dich dazu entschieden zu gehorchen? Ich verstehe dich nicht. Du hast dir dafür den Ruf eingehandelt, Vorbild für einen absoluten, blinden Gehorsam zu sein, aber ich finde den nicht exemplarisch. Im Ernst kann doch Gott nicht erwarten, dass wir so handeln wie du!

Aber sie gehen, Vater und Sohn, zunächst mit den Knechten, dann alleine, drei Tage lang bis zum Berg. Und die ganze Zeit steht die Frage im Raum, die nicht ausgesprochen wird, aber mitschwingt auf Schritt und Tritt. Die Frage, die vielleicht in Andeutungen anklingt, die aber beide umgehen. Die *eine* Frage, die Isaak dann doch endlich ausspricht, und die lautet: „Mein Vater, wo ist das Schaf zum Brandopfer?". Und Abraham, in diesem -trotz aller in der Luft liegenden Drohung- so überraschend dichten und innigen Dialog mit seinem Sohn, sagt zu ihm: „Mein Sohn, Gott wird sich ein Schaf zum Brandopfer ersehen." Und es klingt, als glaubte er selbst vertrauensvoll daran, dass es ein Schaf sein würde anstelle seines Sohnes, das schließlich geopfert werden wird. Ist das möglich? Es passt jedenfalls zu dem merkwürdigen Abschiedsgruß an die Knechte: „Wenn ich und der Knabe angebetet haben, wollen ***wir*** wieder zu euch zurückkommen."

Dieses ist eine Geschichte zwischen Abraham und Gott, alle anderen sind nur Statisten, auch Isaak. Es beginnt mit den Worten: „Gott versuchte Abraham." Ich stutze bei dieser Einleitung: Der Versucher ist sonst der Teufel, nicht Gott. Er stellt Jesus nach seiner Taufe und Berufung 40 Tage lang auf eine dreifache Probe. Im Hiobbuch ist es der Satan, der von Gott die Erlaubnis erhält, Plagen, Krankheit und Armut über den schuldlosen Hiob zu bringen, um seine Frömmigkeit zu erproben. Das Ungeheuerliche an dieser Geschichte ist, dass Gott selbst zum Versucher wird.

Gott ist aber nicht nur der, der Schreckliches von Abraham verlangt. Nach langem Schweigen und Geschehen lassen meldet er sich durch seinen Engel im letzten Moment Isaaks wieder zu Wort: „Tu dem Knaben nichts Böses an, jetzt weiß ich, dass du Gott fürchtest und deinen einzigen Sohn nicht verschont hast um meinetwillen." Gott greift ein, um zu retten, um das Leben des Kindes, dem schon das Messer an die Kehle gesetzt ist, zu bewahren. „Endlich!" atmen wir auf, zu unerträglich war die Spannung, obwohl wir doch um die Bewahrung des Jungen wussten. Gott zeigt sich in diesem Augenblick so, wie wir es erwarten, wie wir ihn kennen: Als einer, der hilft, der sich der Bedrohten annimmt. Der das Ungeheuerliche nicht geschehen lässt. Allerdings ist dies kein anderer Gott als vorher, sondern er weiß sehr genau um die Versuchung, der Abraham ausgesetzt war und erklärt sich bereit, auf die Ausführung der Tat zu verzichten, weil Abraham bewiesen hat, dass er zu dem Opfer bereit gewesen wäre.

Mir scheint, dass es in dieser frühen Phase des Gottesglaubens noch keine eindeutige Trennung zwischen dem guten und gnädigen Gott und dem unheimlichen Bösen gibt. Beide Züge sind noch im Gottesbild vereint und streiten miteinander. Mal treten diese, mal jene hervor. Und sie führen zu Verwirrung, sowohl bei Abraham als auch bei uns. Was will er denn nun, dieser Gott? Das Gute oder das Grauenhafte? Welcher ist er wirklich? In der Weiterentwicklung des Glaubens trennen sich diese Seiten Gottes, das Böse wird abgespalten und auf den Teufel übertragen, so dass von Gott die lichtvollen Züge übrig bleiben. Das ist der Gott, an der wir uns halten sollen und halten dürfen: der gnädige und gütige, das Licht unseres Lebens. Den anderen sollen wir wegschicken, wenn er versucht, uns auf die Probe zu stellen: Er ist der Böse, nicht Gott. Ihm sollen wir in unserem Leben keinen Raum geben.

Oder müssen wir uns dieses Changieren zwischen den verschiedenen Seiten Gottes, die ganze Beziehung zwischen Abraham und Gott als etwas ganz anderes, nämlich ein göttliches Spiel vorstellen? Probieren hier zwei aus, wie weit sie miteinander gehen können? Welche Opfer der eine bereit ist, für den anderen zu bringen? Es klingt, als wollte Gott es wissen: „Liebst du mich mehr als deinen Sohn? Oder ist er dir wichtiger als ich? Entscheide dich zwischen uns!" Wie ein eifersüchtiger Liebhaber, der die Probe aufs Exempel verlangt. Und Abraham geht zum Schein darauf ein, tut, was der andere möchte und weiß doch schon im Voraus: "So weit wird er nicht gehen. Wir beide werden zurückkommen, der Sohn und ich, denn das tut Gott mir nicht an. Was hätte er auch davon, denn ich würde ihn von da an nur noch hassen, ihn weder lieben noch ihm vertrauen. Unsere Beziehung wäre zerstört, das weiß er so gut wie ich. Und das will er doch gerade nicht."

So wäre Abrahams merkwürdige Ruhe zu erklären, mit der er zusammenpackt, losgeht und zum Berg hinaufsteigt im Wissen darum, dass Gott sich ein Schaf statt des Knaben zum Brandopfer ersehen wird. Und er behält recht, denn Gott fällt sich selbst und ihm in den Arm. Er ist zufrieden damit, dass Abraham die Bereitschaft zum Opfer demonstriert hat, das Opfer selbst will er gar nicht. So hat Abraham am Ende beide gewonnen: Gott und seinen Sohn. Er behält sein Liebstes und hat doch Gott ausreichend bewiesen, dass er ihn genauso liebt. Allerdings hat das Vertrauen Isaaks in seinen Vater wahrscheinlich irreparablen Schaden gelitten, er ist doch auf eine Art zum Opfer geworden in diesem Spiel um Liebe und Macht.

Ich gebe zu, dass diese Deutung gewagt ist. Sie führt uns aber dazu, darüber nachzudenken, welche Spiele wir mitspielen, auch wenn sie verletzend, sogar grausam werden können – und wo wir aussteigen, uns weigern mitzuspielen. Sie wirft auch die Frage nach dem Sinn von Opfern auf, nach Opfern, die falsch, und nach Opfern, die richtig sind. Wir erleben all dies heute wohl kaum in der Beziehung zu Gott, aber in anderen Beziehungen: Welche Opfer sind wir bereit, für einen anderen Menschen zu bringen, und warum? Und welche bringen wir nicht?

Ich denke zum Beispiel an einen Vater, dessen erwachsener Sohn unheilbar psychisch krank ist und bei ihm zuhause lebt. Die anderen Kinder sind ausgezogen, weil sie das Zusammenleben mit dem Bruder nicht ertragen. Die Beziehung der Ehepartner ist stark belastet durch die ständige Anspannung, unter der beide wegen des Sohnes stehen. Trotzdem sieht der Vater es als seine Aufgabe an, den Sohn bis zu seinem eigenen Tod im Haus zu behalten. Er stellt die Lebensjahre, die ihm noch bleiben, in den Dienst des Sohns. Ist dieses Opfer an eigener Lebensverwirklichung, an einer glücklichen Ehe und einem Familienleben mit allen Kindern richtig? So etwas kann nur der beantworten, der selbst betroffen ist und auch weiß, was er durch das Opfer auf der anderen Seite gewinnt. Aber es ist ein Opfer, das, so denke ich, man im Bewusstsein der Konsequenzen eingehen sollte und nicht einfach deshalb, weil die Norm definiert, dass ein guter Vater so zu sein hat.

Ein anderes Opfer kann das sein, das man bereit ist, für eine Beziehung einzugehen. Viele aus unserer Gemeinde stehen, wenn einer der Partner aus Mexiko und der andere aus Deutschland stammt, irgendwann vor der Frage: In welchem Land werden wir auf Dauer leben? Einer muss auf seine Heimat verzichten und die Frage ist immer, unter welchen Bedingungen. Gibt es etwas, was die Heimat und die Nähe zur eigenen Familie aufwiegen kann, zum Beispiel gemeinsame Kinder oder die Verwirklichung im Beruf oder die Einbindung in die andere Familie und einen Freundeskreis? Es bedarf genauen Hinsehens und sorgfältigen Abwägens, um eine Entscheidung treffen zu können, die nicht nur dem einen Opfer abverlangt, sondern auch den anderen sich bewegen lässt, so dass eine Balance zwischen den Partnern entsteht oder erhalten bleibt.

Unsere eigenen Opfer, das verhinderte Opfer des Isaak haben uns zu beunruhigenden Fragen geführt. Wir können sie uns nicht ersparen. Aber wir können sie dem Gott anvertrauen, der mit seinem Licht alles durchstrahlt. Er, bei dem kein Dunkel mehr ist, nimmt sie auf sich und trägt sie ans Kreuz, ans Kreuz unserer und seiner Leiden. Er nimmt die Last unserer Fragen und Zweifel auf sich und erlöst uns von ihr. So können wir das neue Leben aufleuchten sehen und darauf zugehen, schon ahnend das Licht von Ostern her.
Amen.

Familiengeschichten – Josef und seine Brüder[4]

Liebe Schwestern und liebe Brüder!

Er hatte einen Traum. Einen Traum, in dem sie aufs Feld gingen, um die Ernte einzubringen. Alle banden sie ihre Garben, so wie es damals üblich war. Aber plötzlich erwachten die Garben zum Leben. Seine Garbe stellte sich in die Mitte und stand kerzengerade, während sich die Garben der anderen im Kreis um sie herum stellten und sich vor ihr verneigten wie vor einem König.

Jahre später erfüllte sich dieser Traum. Da war er tatsächlich ein großer und einflussreicher Herr geworden und die anderen kamen als Bittsteller zu ihm. Überall herrschte Hungersnot, nur er, der Träumer, hatte vorgesorgt und Korn in die Scheunen gesammelt, das er jetzt verkaufte. „Wir sind von weit her gekommen, um bei dir Getreide zu kaufen", sagten sie zu ihm. Er aber fuhr sie an und beschuldigte sie. Er ließ sie zappeln und genoss die Macht, die er über sie hatte. So stellte er sie auf die Probe. Schließlich ließ er sie alle mit dem Getreide nach Hause ziehen – fast alle, denn einen von ihnen behielt er als Geisel da.

Die Rede ist von Josef und seinen Brüdern. Von den Söhnen des Erzvaters Jakob, die miteinander bis aufs Blut zerstritten waren. Entscheidenden Anteil daran hatte ihr Vater selbst, der Josef gegenüber den älteren Söhnen bevorzugte. Warum? Weil er der lang ersehnte Sohn seiner Lieblingsfrau Rahel war. Der Sohn seines Alters. Und weil er schön an Gestalt und hübsch von Angesicht war. Der Junge bildete sich darauf etwas ein und verließ sich auf die Liebe seines Vaters. Er provozierte seine Brüder, indem er ihnen den Traum von den Garben und andere Träume brühwarm erzählte. „Willst du unser König werden und über uns herrschen?" warfen sie ihm

[4] Predigt über Genesis 50,15-21 zum 4. Sonntag nach Trinitatis 2011 in Lübeck, Predigtreihe III, veröffentlicht im Internet bei den „Göttinger Predigten".

daraufhin an den Kopf. Diesem eingebildeten Kerl wollten sie es zeigen – und sich gleichzeitig an dem ungerechten Vater rächen, der nur noch Augen für seinen Liebling hatte.

Als sich die Gelegenheit bot und sie mit ihm allein waren, packten sie ihn und warfen ihn in einen leeren Brunnen. Sie waren sich noch nicht ganz einig, ob sie ihn töten oder ihn einfach nur dort unten verhungern lassen würden. Unterdessen kamen Kaufleute mit ihrer Karawane vorbei, die auf dem Weg nach Ägypten waren. Ihnen verkauften sie kurzerhand den kleinen Bruder und waren ihn los. Dem Vater erzählten sie, ein wildes Tier habe ihn gerissen und zeigten ihm Josefs blutbeschmiertes Kleid.

Jakob war untröstlich. Er legte Trauerkleidung an und vergrub sich in seinem Schmerz. Alle seine 11 Söhne und seine Töchter kamen, um ihn zu trösten, aber er wollte sich nicht trösten lassen: „Bis zum Ende meines Lebens werde ich um meinen Sohn trauern“, erklärte er feierlich.

Der Verlust Josefs prägte die Familie für immer. Er drückte ihr einen Stempel auf, dem keiner entkommen konnte. Tag für Tag sahen die Söhne ihren Vater, wie er mit gebeugtem Kopf und leidvoller Miene herumging. Tag für Tag begegneten sie seinen Blicken, die immer wieder Spuren von Misstrauen zeigten: Ob die anderen Söhne nicht doch etwas mit dem Verschwinden seines Lieblings zu tun hatten? Den Jüngsten der Söhne, Benjamin, hütete er wie seinen Augapfel. Er war das letzte, was ihm von der verstorbenen Rahel geblieben war. Ihm durfte kein Haar gekrümmt werden. Wenn die 10 älteren Brüder unter sich waren, redeten sie hinter vorgehaltener Hand über ihre Schuldgefühle: „Wie konnten wir Josef das antun? Er war doch unser Bruder, unser Fleisch und Blut. Was wohl aus ihm geworden sein mag… Bestimmt muss er als Sklave für irgendeinen reichen Ägypter schuften, wenn er überhaupt noch lebt. Und unserem Vater haben wir die Lüge mit dem wilden Tier aufgetischt, mit der wir jetzt leben müssen. Keinen Tag haben wir seit seinem

Verschwinden mehr ruhig geschlafen.“ Jakobs Familie war traumatisiert. Wenn jemand Josefs Namen in den Mund nahm, zuckten alle zusammen.

Mehr als 20 Jahre später begegnen sie sich wieder. Aber die Brüder ahnen nicht, dass der Herr über die Kornkammern Ägyptens, die rechte Hand des Pharao, ihr Bruder Josef ist. Josef aber weiß gleich, wen er vor sich hat, als sie vor ihm stehen und ihn bitten, ihnen Korn zu verkaufen. Er stellt sie mehrmals hart auf die Probe. Dabei wird ihm deutlich, dass ein Bruder für den anderen einsteht und sie sich nicht gegeneinander ausspielen lassen. Er spürt, wie sehr sie ihren Vater lieben und alles dafür tun wollen, dass es ihm gut geht. Er hört auch mit, wie sie, als sie sich unbeobachtet glauben, über ihre Schuld sprechen, die sie auf sich geladen haben, als sie Josef verkauften. Da ändert er sein Verhalten ihnen gegenüber. Er gibt sich seinen Brüdern zu erkennen und offenbart ihnen: „Ich bin Josef, euer Bruder, den ihr nach Ägypten verkauft habt. Und nun denkt nicht, dass ich euch zürne, dass ihr mich hierher verkauft habt, denn um euch am Leben zu erhalten hat mich Gott vor euch her gesandt.“ Er vergibt seinen Brüdern und hat das, was geschehen ist, akzeptiert. Er kann darin sogar einen Sinn erkennen und die Handschrift Gottes entziffern. Josef fordert seine Brüder auf, seinen alten Vater nachzuholen, damit die ganze Familie in Ägypten lebt, wo er sie versorgen kann – und so geschieht es.

Nach Jahren stirbt Jakob, der Patriarch, im hohen Alter. Jetzt kann sie der Vater nicht mehr schützen, und Josefs Brüder bekommen es mit der Angst zu tun. Eine neue Zeit ist angebrochen, in der die Brüder unter sich sind und sich arrangieren müssen. Wie wird sich Josef jetzt ihnen gegenüber verhalten?

Hören wir den Predigttext aus dem 1. Buch Mose im 50. Kapitel:

„Die Brüder Josefs aber fürchteten sich, als ihr Vater gestorben war, und sprachen: Josef könnte uns gram sein und uns alle Bosheit vergelten, die wir an ihm getan haben. Darum ließen sie ihm sagen: Dein Vater befahl vor seinem Tode und sprach: So sollt ihr zu Josef sagen: Vergib doch deinen Brüdern die Missetat

und ihre Sünde, dass sie so übel an dir getan haben. Nun vergib doch diese Missetat uns, den Dienern des Gottes deines Vaters! Aber Josef weinte, als sie solches zu ihm sagten.
Und seine Brüder gingen hin und fielen vor ihm nieder und sprachen: Siehe, wir sind deine Knechte. Josef aber sprach zu ihnen: Fürchtet euch nicht! Stehe ich denn an Gottes Statt? Ihr gedachtet es böse mit mir zu machen, aber Gott gedachte es gut zu machen, um zu tun, was jetzt am Tage ist, nämlich am Leben zu erhalten ein großes Volk. So fürchtet euch nun nicht; ich will euch und eure Kinder versorgen. Und er tröstete sie und redete freundlich mit ihnen.“

Die Brüder können nicht an die Vergebung glauben, die Josef längst vollzogen hat. In ihrer Angst vor ihm greifen sie zu einer Notlüge und bedienen sich ein letztes Mal der Autorität des Vaters. Dieser habe ihnen seinen letzten Wunsch an Josef mitgeteilt: Josef möge seinen Brüdern ihre Sünde vergeben. Daran schließen die Brüder ihre eigene Bitte an: „Vergib uns doch unsere Missetat.“ Endlich können sie Josef um Vergebung bitten. Endlich schaffen sie es, das zu benennen, was sie ihm angetan haben. Es war Sünde und schwere Schuld. Es hat ihr ganzes Leben überschattet, viele Jahre und Jahrzehnte lang. Und sie bereuen ihre Tat und wünschen sich einen neuen Anfang im Verhältnis zu Josef. Gleichzeitig haben sie Angst vor ihm, der so viel mächtiger ist als sie und fürchten, er könnte sich rächen und sie bestrafen.

Aber Josef spielt seine Macht nicht aus. Er trumpft nicht auf nach dem Motto: „Seht ihr, jetzt kommt ihr doch angekrochen und müsst euch vor mir verbeugen wie in meinem Traum. Ich habe recht behalten damit, dass ich euch überlegen bin.“ Josef erkennt klar seine Grenzen und gibt Gott, was Gottes ist. „Ich bin nicht Gott“, antwortet er ihnen – und das, obwohl die Brüder so wie viele andere von seinem Glanz, seinem Reichtum und seiner Macht geblendet sind. „Ich stehe nicht an Gottes Stelle und maße mir nicht an, über euch ein Urteil zu fällen. Aber in all dem, was zwischen uns geschehen ist, erkenne ich, dass Gott am Werk gewesen ist. Er hat mich vor euch her nach Ägypten geschickt, um unsere Familie, um Israel zu erretten vor der Hungersnot. Hier in Ägypten habe ich ohne es zu ahnen alles für euch vorbereitet, so dass euch die Not nichts anhaben konnte. Ihr habt dazu beigetragen, dass sich

Gottes Willen an uns erfüllen konnte. Jetzt im Rückblick erkenne ich, dass unsere gemeinsame Geschichte ihren Sinn hat. Ich habe euch schon lange vergeben."

So redete Josef mit seinen Brüdern. Ob Sie so wie ich Bezüge in dieser Familiengeschichte entdecken, an die Sie anknüpfen können? Eifersucht zwischen den Geschwistern, weil einer bevorzugt wird. Ein Vater, der seine Liebe nicht gleichmäßig an alle verteilt. Menschen, die eine Schuld auf sich geladen haben, die sie jahrelang verfolgt und von der sie nicht loskommen. Eine ganze Familie, die unter dem Schock des zu frühen Todes eines Angehörigen steht. Aber auch: Menschen, die sich verändern und dazu lernen. Einer, der darauf verzichtet, seine Macht auszuspielen und das letzte Wort zu haben. Im Rückblick erkennt er einen Sinn in allem, was geschehen ist. Und gibt Gott die Ehre.
Amen.

Jenseits des Bekannten – Der brennende Dornbusch[5]

Liebe Schwestern und liebe Brüder!

Der Text, der uns heute zum gemeinsamen Nachdenken aufgegeben ist, steht im 2. Buch Mose im 3. Kapitel. Dort wird von Mose erzählt:

„Mose aber hütete die Schafe Jitros, seines Schwiegervaters, des Priesters in Midian, und trieb die Schafe über die Steppe hinaus und kam an den Berg Gottes, den Horeb. Und der Engel des HERRN erschien ihm in einer feurigen Flamme aus dem Dornbusch. Und er sah, dass der Busch im Feuer brannte und doch nicht verzehrt wurde. Da sprach er: Ich will hingehen und die wundersame Erscheinung besehen, warum der Busch nicht verbrennt. Als aber der HERR sah, dass er hinging, um zu sehen, rief Gott ihn aus dem Busch und sprach: Mose, Mose! Er antwortete: Hier bin ich. Gott sprach: Tritt nicht herzu, zieh deine Schuhe von deinen Füßen; denn der Ort, darauf du stehst, ist heiliges Land!

Und er sprach weiter: Ich bin der Gott deines Vaters, der Gott Abrahams, der Gott Isaaks und der Gott Jakobs. Und Mose verhüllte sein Angesicht; denn er fürchtete sich, Gott anzuschauen. Und der HERR sprach: Ich habe das Elend meines Volks in Ägypten gesehen und ihr Geschrei über ihre Bedränger gehört; ich habe ihre Leiden erkannt. Und ich bin herniedergefahren, dass ich sie errette aus der Ägypter Hand und sie herausführe aus diesem Lande in ein gutes und weites Land, in ein Land, darin Milch und Honig fließt, in das Gebiet der Kanaaniter, Hetiter, Amoriter, Perisiter, Hiwiter und Jebusiter. Weil denn nun das Geschrei der Israeliten vor mich gekommen ist und ich dazu ihre Not gesehen habe, wie die Ägypter sie bedrängen, so geh nun hin, ich will dich zum Pharao senden, damit du mein Volk, die Israeliten, aus Ägypten führst.

Mose sprach zu Gott: Wer bin ich, dass ich zum Pharao gehe und führe die Israeliten aus Ägypten? Er sprach: Ich will mit dir sein. Und das soll dir das Zeichen sein, dass ich dich gesandt habe: Wenn du mein Volk aus Ägypten geführt hast, werdet ihr Gott opfern auf diesem Berge.

Mose sprach zu Gott: Siehe, wenn ich zu den Israeliten komme und spreche zu ihnen: Der Gott eurer Väter hat mich zu euch gesandt! und sie mir sagen werden: Wie ist sein Name?, was soll ich ihnen sagen? Gott sprach zu Mose: Ich werde sein, der ich sein werde. Und sprach: So sollst du zu den Israeliten sagen: »Ich werde sein«, der hat mich zu euch gesandt."

[5] Predigt über Exodus 3,1-14 am Letzten Sonntag nach Epiphanias 2005, Predigtreihe III in Mexiko.

Drei Fragen stellt Mose im Verlauf seiner Begegnung mit Gott, drei Fragen, die uns, glaube ich, ebenso beschäftigen oder umtreiben. „In welcher Welt lebe ich?”, lautet die erste von ihnen, „Wie kann ich das begreifen, was mich umgibt?” Bei Mose kleidet sie sich angesichts des merkwürdigen Phänomens, dass er zwar ungläubig, aber doch mit eigenen Augen sieht, in die Formulierung: „Warum verbrennt dieser Dornbusch nicht?” Die zweite Frage stellt er nicht mehr sich selbst, sondern Gott, der mit ihm spricht: „Wer bin ich?”. Immer wieder beschäftigen wir uns damit, wer wir eigentlich sind, versuchen, dem auf den Grund zu gehen, und tun uns schwer, eine Antwort zu finden. Und wenn wir eine haben, ist sie oft nur vorübergehend. „Wer bist du, Gott, für mich?”, ist die dritte Frage Moses’. Im Laufe ihres Lebens fragen die meisten von uns nach Gott, nach dem, der uns Sinn und Halt gibt. „Wer ist dieser Gott, meint er es gut mit mir, kann ich ihm vertrauen?” „Und”, so setzen wir als moderne Menschen hinzu, „existiert er überhaupt?” Wir sehnen uns danach, dass es jemanden gibt, der größer ist als wir und uns und diese Welt bewahrt, und doch geraten wir oft ins Zweifeln, wenn wir Katastrophen wie den Tsunami in Südostasien erleben. Diese drei Fragen treiben Mose um und lassen ihn nach Antworten suchen.

Mose hat wegen eines Mordes aus Ägypten fliehen müssen und ist auf die Halbinsel Sinai ins Land der Midianiter ausgewichen. Hier wird er Hirte und weidet die Schafe seines Schwiegervaters. Tage- und wochenlang wandert er mit ihnen durch die Wüste. Er hat Zeit, seinen Gedanken nachzuhängen und sie neu zu ordnen, Zeit auch, über Gott zu sinnen. Viele Menschen der Bibel verbringen eine Zeit ihres Lebens in der Wüste, oft um sich darüber klar zu werden, wie es mit ihnen und ihrem Leben weitergehen soll. So auch Jesus, der nach seiner Taufe vierzig Tage in die Wüste geht, um über seinen Auftrag Sicherheit zu gewinnen und gegen die Versuchungen des Widersachers anzukämpfen.

Eine Bekannte begab sich zu Fuß auf eine Pilgerreise durch die Wüste Sinai und setzte sich dieser fremden, gewaltigen Welt aus. Sie beschreibt eine Nacht mitten in der Wüste:

„Ich blickte in den Himmel mit der unendlichen Zahl von Sternen und dem zunehmenden Mond. Unter dem Licht herrschte tiefe Stille. Kein Laut war zu hören, nur manchmal ein feines, rieselndes Geräusch, wenn der Wind über die Steine strich und etwas Sand oder welkes Laub vor sich her trieb. Durch die Sterne hindurch konnte ich in die Unendlichkeit des Alls und zu Gott aufschauen... Am Morgen zog sich dann die Dunkelheit langsam zurück, die Sonne färbte die Bergspitzen rot, und ich kehrte in dieses Leben zurück."

Bei seinem Wandern durch die Wüste erreicht Mose den Gottesberg Horeb. Israels Gott war zu Beginn ein Berggott, man stellte sich vor, dass er dort oben wohnte und sich den Menschen offenbarte. Auf dem Berg empfängt Mose dann von Gott die Tafeln mit den zehn Geboten, die die Regeln für ein Leben in Freiheit enthalten. Am Horeb zeigt sich Gott dem Mose im brennenden Dornbusch und versichert ihm, dass er vom Berg herabgestiegen ist, weil er die Not seines Volkes gesehen hat und es retten will. Er hat es dort, in der klaren Höhe, nicht mehr ausgehalten und kommt, um zu befreien.

Eine Formulierung fällt mir auf: „Mose trieb die Schafe *hinter* die Wüste", in unbekanntes Terrain. Mose geht zu weit, zumindest weiter, als er bisher jemals gekommen ist. Er verlässt das bekannte, vertraute Land und wagt sich vor ins Unerforschte. Ob absichtlich oder zufällig, bleibt dahin gestellt. Nur dieses Überschreiten einer Grenze lässt ihn vordringen bis zum Berg und den Busch entdecken, der brennt, ohne sich zu verzehren. Er findet einen besonderen Ort.

„Tritt nicht herzu, zieh deine Schuhe von deinen Füßen, denn der Ort, darauf du stehst, ist heiliges Land", ruft Gott ihm zu. Und Mose gehorcht, beeindruckt von der Heiligkeit dieses Stücks Erde und aus Scheu, sie zu entweihen. Aber auch, weil er angekommen ist und seine Schuhe nicht mehr braucht. Hier wird er bleiben und verweilen, die Schuhe sind jetzt überflüssiger Ballast geworden.

Er ist an einem besonderen Ort angekommen, der es ihm ermöglicht, die Fragen zu stellen, die ihn schon lange beschäftigen, Fragen nach Grund und Wurzeln des eigenen Lebens. Hier kommt er dem Geheimnisvollen nahe, das er zunächst nicht versteht. Er öffnet sich für die neue Erfahrung und macht sich verwundbar.

Wie ist das bei uns, gibt es auch für uns solche Orte jenseits des Alltags, die neue Horizonte eröffnen? Die uns zu den wirklichen Fragen gelangen lassen, wo wir Zeit haben, uns ihnen auszusetzen? Orte, wo die Anforderungen des Alltags uns nicht erreichen und wir zeitlos und zwecklos leben können? Vielleicht erleben das einige von uns im Urlaub, wenn sie weit weg von allen Anrufen und Nachrichten sind; andere, wenn sie sich auf das intensive Leben im Rhythmus der Natur einlassen und die Bedürfnisse auf das Notwendigste reduziert werden. Es gibt Menschen, die sich auf einen Pilgerweg machen, um sich bewusst der Begegnung mit Gott auszusetzen und Zeit für das Nach-Innen-Horchen zu haben. Da können die Lebensfragen aufsteigen und Aufmerksamkeit beanspruchen: Was ist das für eine Welt, in der wir leben? Wer bin ich, und wer will ich sein? Gibt es einen Gott, der mich liebt, und wer ist er? Gut ist es, sich diesen Fragen zu stellen, ohne Angst davor zu haben, sich verwundbar zu machen, symbolisch gesprochen, die Schuhe abzulegen, die uns bisher geschützt haben. Sich der Rüstung zu entledigen, die wir sonst tragen, das Visier herunterlassen und mich zeigen, wie ich bin. Wahrscheinlich ist das nur für den möglich, der das Vertrauen hat, dass andere das nicht ausnutzen und dass es jemanden gibt, der ihn so annimmt wie er ist, mit allen dunklen Flecken und Fehlern, mit allem Schönen und Liebenswerten.

Orte abseits des Alltäglichen sind auch unsere Kirchen und Gottesdienste. Schon wenn wir das Portal durchschreiten, das größer als nötig ist, kehren wir dem normalen Leben den Rücken und betreten einen besonderen Raum. Wer in der Kirche angekommen ist, befindet sich jenseits der Zeit und braucht keinen Zweck zu verfolgen. Es reicht, da zu sein und sich mittragen zu lassen vom Strom des Gottesdienstes, seinen Gedanken nachzuhängen und in die Gebete und Lieder der anderen laut oder leise mit einzustimmen. Wir spüren, dass wir keine Einzelkämpfer zu sein brauchen und andere mit uns auf dem Weg sind. Es mag sich etwas klären oder ordnen in dieser Zeit des Gottesdienstes, wir können uns neu auf die Mitte ausrichten. Vielleicht, hoffentlich, können wir gestärkt in unseren Alltag zurückkehren, bereit für neue Aufgaben.

„Wer ist Gott?", lasst uns schauen, wie diese Frage in der Begegnung am brennenden Busch beantwortet wird. Gott stellt sich Mose als ein vertrauter Fremder vor, indem er ihm sagt: „Du selbst hast mich zwar noch nicht kennengelernt, aber deine Väter Abraham, Isaak und Jakob. Ich bin ihr Gott, von dem du schon gehört hast." Gott hat schon eine Vergangenheit mit Moses Vorfahren, es gibt Erfahrungen mit ihm, die Mose jetzt sicherlich einfallen, wie die Verheißung eines neuen Landes für Abraham. Wie gut, dass nicht alles mit ihm neu anfangen muss, dass er nicht alles erst zu erfinden braucht! Er kann an das anknüpfen, was andere vor ihm mit Gott erlebt haben.

Im Dialog, der sich zwischen Gott und Mose entspinnt und manchmal Züge einer Diskussion annimmt, merkt man, dass Mose schnell mit Gott vertraut wird. Er lässt sich nicht einfach zum Pharao, vor dem er ja geflüchtet war, zurückschicken, sondern fragt nach. Gott antwortet ihm und geht auf seine Fragen ein, so dass sein Mut wächst. Der fremde Gott wird ihm vertrauter.

Den Höhepunkt erreicht dieses Gespräch, als Gott Mose seinen Namen offenbart: „Ich werde da sein, als der ich da sein werde." Er heißt nicht „Der Höchste" oder „Der Herr", nicht „Der Retter" oder „Der Allmächtige", sondern gibt eine Umschreibung dessen, was er tut, nämlich da sein für Mose, für sein unterdrücktes Volk, für uns. Der Name Gottes, JHWH, auf den hier angespielt wird, leitet sich von dem hebräischen Wort für "geschehen, da sein, eintreten" ab und ist immer dynamisch zu verstehen. Mit diesem Gott kommt etwas in Bewegung, es geschieht etwas Neues. Und Gott existiert nicht für sich, abgetrennt von den Menschen und der

Welt, sondern im Dialog mit uns: „Ich bin für dich, für euch da", sagt er uns mit seinem Namen, „Ich lasse mich auf euch ein. Ich habe das Elend meines Volkes, sein Schreien gehört und kenne seine Schmerzen." So hört er auch heute das, was Israel und uns zustößt und lässt es sich zu Herzen gehen.

Das Besondere bei dieser Formulierung „Ich werde da sein als der ich da sein werde", ist, dass das Hebräische keine fest abgegrenzten Zeiten wie wir kennt, nicht scharf zwischen Vergangenheit, Gegenwart und Zukunft unterscheidet. Wichtig festzuhalten ist in jedem Fall, dass Gottes Selbstbezeichnung nichts Abgeschlossenes ist, sondern offen auf die Zukunft hin. So ist das Ausblicken auf das, was noch geschehen soll, auch entscheidend in dem Dialog mit Mose, denn Gott macht deutlich, dass er sein Volk mit Moses Hilfe aus Ägypten erretten und in die Freiheit führen will.

Mit drei Fragen des Mose hatten wir angefangen. Gibt es jetzt am Schluss Antworten darauf? Wie sieht die Welt aus, in der wir leben? Sie ist an besonderen Orten, zu bestimmten Zeiten offen für Gottes Geheimnis und kann durchscheinend werden für das, was hinter ihr liegt. Wer ist Gott? Er ist für uns da und begleitetet uns durch die Zeiten. Er ist unser Du, durch das wir zu anderen Menschen finden können. Und wer bin ich selbst? Jemand, der wie Mose von Gott gebraucht wird, der er eine Aufgabe zutraut und die er stärkt, um ihr gerecht zu werden.

Welches der Auftrag jedes einzelnen ist, was wir für unsere Mitmenschen tun dürfen, können wir selbst herausfinden im Hören auf Gottes Wort und im Dialog mit ihm.

Dabei stehe uns Gott zur Seite, der „Immerdar" und „Immerdort".
Amen.

An der Quelle –
Ein Psalm über den Baum, gepflanzt an Wasserbächen[6]

Liebe Geschwister im Glauben!

„Wohl dem, der Lust hat an Gottes Wort und seinen Weisungen für das Leben. Der ist wie ein Baum, gepflanzt an den Wasserbächen, der seine Frucht bringt zu seiner Zeit, und seine Blätter verwelken nicht. Und was er macht, das gerät wohl.“ So heißt es in Psalm 1. Ich lese Ihnen den ganzen Psalm:

„Wohl dem, der nicht wandelt im Rat der Gottlosen
noch tritt auf den Weg der Sünder
noch sitzt, wo die Spötter sitzen,
sondern hat Lust am Gesetz des HERRN
und sinnt über seinem Gesetz Tag und Nacht!
Der ist wie ein Baum, gepflanzt an den Wasserbächen,
der seine Frucht bringt zu seiner Zeit,
und seine Blätter verwelken nicht.
Und was er macht, das gerät wohl.
Aber so sind die Gottlosen nicht,
sondern wie Spreu, die der Wind verstreut.
Darum bestehen die Gottlosen nicht im Gericht
noch die Sünder in der Gemeinde der Gerechten.
Denn der HERR kennt den Weg der Gerechten,
aber der Gottlosen Weg vergeht.“

Mir gefällt das Bild vom Baum, der am Wasser gepflanzt ist, ich möchte es gerne weiter ausmalen:

Sein wie ein Baum - welchen würdet Ihr euch aussuchen, an welchen Baum denkt

---

[6] Predigt über Psalm 1 zum 18. Sonntag nach Trinitatis 2007 in Mexiko.

Ihr? Die große Kastanie in der Allee, umgeben von anderen Kastanienbäumen, die im Frühling ihre Blütenkerzen aufsteckt und im Herbst ihre glatten braunen Früchte von sich wirft? Oder der Tabachin, der im tropischen Klima gedeiht und mit seinem weit ausgespannten Blätterdach Schatten spendet? Oder die Jacaranda, die hoch aufwächst und durch ihre leuchtenden violetten Blüten auffällt? Oder womöglich ein Ölbaum mit knorrigem, verwachsenem Stamm, der von vergangenen Jahrhunderten zeugt und seine silbergrünen Blätter blitzen lässt? Welcher Baum fällt Euch ein, welches ist Euer Lieblingsbaum, vielleicht der Baum Eurer Kindheit?

Wir wissen nicht, an welchen Baum der Beter von Psalm 1 gedacht hat, aber entscheidend ist, dass er an Wasserbächen gepflanzt ist. Ähnlich wie in vielen Gegenden Mexikos ist es für einen Baum in Israel lebenswichtig, dass er nahe dem Wasser steht, damit er in der Hitze nicht verdurstet und seine Wurzeln immer genügend Wasser finden. Wer in der Nähe des Wassers wurzelt, braucht sich keine Sorgen zu machen, er hat immer genug zum Leben, so dass er Früchte ansetzen und reifen sehen kann und seine Blätter frisch und grün bleiben.

Wen meint der Psalmist mit diesem Baum, dem es nicht mangelt an dem, was er zum Leben braucht? Es ist einer, der sich an Gottes Wort freut, der seine Lust an ihm hat. Der sich Gedanken macht über das, was Gott von uns will und der gerne danach leben will. Jemand, der sich vertieft in die Erzählungen der Bibel und ihnen nachgeht, der nachsinnt über sie, um sie besser zu verstehen. Der mit diesen Geschichten lebt, für den sie aktuell sind. Ich weiß nicht, ob euch jemand einfällt, der sich so voller Liebe, voller Lust mit dem beschäftigt, was Gott uns in der Bibel sagt und über seine eigenen Erfahrungen mit Gott nachsinnt.

Ich kenne einige Menschen, die so leben, vielleicht eine Handvoll. Sie verbinden sich für mich mit meinem, mit unserem christlichen Glauben. Wenn ich den Wurzeln meines Glaubens nachgehe, zu ihnen hinabsteige und mich frage, wie ich dazu komme, an Gott zu glauben, dann treffe ich auf Menschen, die mir von ihm erzählt haben: mein Vater, meine Religionslehrerin, der Pastor, der mich konfirmiert hat. Sie selbst leben vom Glauben und von dem, was in der Bibel steht, sie nähren sich gleichsam von Gottes Wort. Ohne sie wäre ich, wäre auch mein Glaube ärmer; sie haben mir ein Stück von ihrer Liebe zu Gott geschenkt und mich teilhaben lassen an ihrer Freude an seinem Wort. Sie sind den Quellen nahe, so dass sie keine Angst zu haben brauchen, dass ihnen das Wasser des Lebens ausgehen könnte. Selbst wenn ihr Glaube in eine Krise kommt, wenn, bildlich gesprochen, der Bach, an dem sie stehen, nur wenig Wasser führt, reichen ihre Glaubens-Wurzeln doch so tief, dass sie genügend Wasser finden und die Verbindung zu Gott nicht abreißt.

Ist das zu ideal? Was soll uns dieses Aufsehen zu denen, die gläubiger oder gewisser sind als ich es bin oder als Ihr es vielleicht seid? Ich glaube doch, dass es einen Sinn hat, denn sie machen uns Mut, dass Glauben und Leben nach Gottes Willen möglich sind. Sie geben die Hoffnung an uns weiter, die sie selbst aus dem Verwurzeltsein im Glauben, nahe den Wasserbächen des Lebens ziehen. Und diese Väter und Mütter unseres Glaubens erinnern uns daran, dass wir von irgendwoher kommen, dass unser Glaube eine Geschichte hat und schon viele Menschen vor uns genährt und getröstet hat. Wir leben nicht aus uns selbst. Wir sind nicht die ersten und werden bestimmt auch nicht die letzten sein, die Gott suchen und seine Liebe erfahren dürfen. Wir kommen her von einer Vergangenheit und gehen hin in eine Zukunft, die beide größer sind und länger bestehen als wir selbst.

Es gibt aber auch noch die anderen: Die, die sich nicht freuen an Gottes Wort und deshalb auch nicht an den Wasserbächen gepflanzt sind. Das sind die Gottlosen, die wie Spreu sind, die der Wind verweht. Sie spotten über Gott, machen sich lustig über ihn und über die Menschen, die an ihn glauben. Wir kennen wahrscheinlich alle solche Leute und sind ihnen schon begegnet. Es ist schwer, mit ihnen umzugehen, bei dem zu bleiben, was ich glaube und ihnen etwas entgegen zu setzen. Jemanden in seinem Glauben zu verletzen und diesen sogar zu zerstören, ist leicht. Wer glaubt und sich zu etwas bekennt, macht sich angreifbar und setzt sich viel mehr aus als der, der sich über ihn lustig macht.

Aus dieser Erfahrung, dass man den Spöttern ausgeliefert sein kann, ist wohl der Psalm 1 entstanden. Hier wird denen, die Gott verachten, angedroht, dass ihr Leben keinen Bestand hat, dass es von den Lebensquellen abgeschnitten ist und sie deshalb in alle Winde zerstreut werden, ohne dass man sich an sie erinnern wird. Gott wird schließlich denen, die an ihn glauben, Gerechtigkeit widerfahren lassen und die anderen bestrafen. Oft sehen wir davon noch nichts, aber einmal wird das wahr werden.

Was können wir mitnehmen aus diesem Psalm, von dem Baum an den Wasserbächen, von den Menschen, die aus der Freude an Gott leben, von den anderen, die über Gott spotten und vergessen werden? Vielleicht dieses: Du kannst und sollst dich entscheiden, zu welchen Menschen du gehören willst: zu denen, die über Gott lachen oder zu denen, die sich an ihm orientieren. Und je nach dem, wie du dich entscheidest, hat das Folgen: Du wirst vergessen werden oder du bist der Quelle des Lebens nahe und wirst von ihr getränkt.

Wo wir die Quelle des Lebens finden können, erfahren wir aus der Bibel, von Jesus Christus, der sagt:

„Ich bin das A und das O, der Anfang und das Ende, ich will dem Durstigen geben von der Quelle des lebendigen Wassers umsonst.“ (Offenbarung 21,6)

Ich wünsche uns, dass wir diese Quelle finden und uns nahe an ihr verwurzeln können.
Amen.

Die Dolmetscherin – Schwerter zu Pflugscharen[7]

Liebe Schwestern und liebe Brüder!

„Kein Volk wird gegen ein anderes das Schwert erheben, und sie werden hinfort nicht mehr lernen, Krieg zu führen." So lautet einer der Kernsätze des heutigen Predigtabschnittes aus dem Buch des Propheten Jesaja, so geschrieben vor 2.700 Jahren. Er deckt sich nicht mit dem, was wir in diesen Tagen erleben: Der Krieg muslimischer Terroristen gegen die zivile Bevölkerung der westlichen Welt geht weiter. Am 7. Juli hat er London erreicht und in U-Bahnen und Bussen mehr als 50 Menschen in den Tod gerissen, hunderte wurden verletzt und traumatisiert. Und das ist nur eine weiterer Ort des Schreckens nach den Anschlägen in New York, Bali, Madrid und anderen Städten auf der ganzen Welt – und wird, so schrecklich es klingen mag, nicht der letzte sein. Doch, man kann das Krieg führen lernen – aus Büchern, durch die Reden bestimmter religiöser Führer, durch die Beteiligung an Kämpfen in Afghanistan, im Irak und anderswo.

Wie heißt es da bei Jesaja? Lasst uns die fünf Verse aus dem zweiten Kapitel des Prophetenbuches im Zusammenhang hören:

„Dies ist's, was Jesaja, der Sohn des Amoz, geschaut hat über Juda und Jerusalem: Es wird zur letzten Zeit der Berg, da des HERRN Haus ist, fest stehen, höher als alle Berge und über alle Hügel erhaben, und alle Heiden werden herzulaufen, und viele Völker werden hingehen und sagen: Kommt, lasst uns auf den Berg des HERRN gehen, zum Hause des Gottes Jakobs, dass er uns lehre seine Wege und wir wandeln auf seinen Steigen! Denn von Zion wird Weisung ausgehen und des HERRN Wort von Jerusalem. Und er wird richten unter den Heiden und zurechtweisen viele Völker. Da werden sie ihre Schwerter zu Pflugscharen und ihre Spieße zu Sicheln machen. Denn es wird kein Volk wider das andere das Schwert erheben, und sie werden hinfort nicht mehr lernen, Krieg zu führen.
Kommt nun, ihr vom Hause Jakob, lasst uns wandeln im Licht des HERRN!"

---

[7] Predigt über Jesaja 2,1-5 am 8. Sonntag nach Trinitatis 2005 in Mexiko, Predigtreihe III.

Jesaja schaut diese Vision vom umfassenden Frieden mitten in einer Zeit von Angst und Krieg. Sie liegt also nicht nur quer zu dem, was wir erleben, sondern stand auch schon zur Zeit des Propheten im Widerspruch zur Realität. Das sollte uns davon abhalten, seinen Traum vom Frieden einfach als unzeitgemäß wegzulegen. Dass er sich nicht mit dem Erleben deckt, ist Jesaja sehr bewusst, er stellt ihn dem Ist-Zustand absichtlich entgegen. Im achten Jahrhundert vor Christus war das kleine Südreich Juda von der Großmacht der Assyrer bedroht. Dessen Könige wollten sich auch noch diesen Teil Israels einverleiben, um so die ganze Landbrücke bis nach Ägypten unter ihre Kontrolle zu bringen. Juda hatte keine ernst zu nehmende Chance, sich gegen die Übermacht der hochgerüsteten assyrischen Armee und gegen ihre ausgeklügelte Strategie zu verteidigen.

In diese politische Situation hinein spricht der Prophet Jesaja davon, dass sich die fremden Völker, einschließlich der Assyrer, dem Gott Israels zuwenden werden, dass sie ihn in der Erwartung suchen werden, von ihm Weisung für ein Leben in Frieden zu empfangen. Unrealistischer kann man nicht sein. Jesaja weigert sich auf Gottes Geheiß hin, sich mit der Wirklichkeit abzufinden, er widerspricht ihr. Damit eröffnet er einen anderen Horizont und entwickelt eine Vorstellung von dem, was bisher noch nicht existiert. Seine Utopie wird sich so bald nicht umsetzen lassen, das ist auch Jesaja klar, denn er datiert sie auf "die letzte Zeit", aber sie zeigt, dass anderes als der Status quo möglich ist. So kann die Utopie, der Traum von einem guten Leben, zum Motor der Veränderung werden und Schritte freisetzen auf dem Weg hin zu ihrer Verwirklichung.

Was trägt dazu bei, den Frieden zwischen den Völkern Wirklichkeit werden zu lassen? Was ist zu tun, damit sich die Gegenwart auf die Utopie zubewegt? Bei Jesaja gehen die Völker davon aus, das der Gott Israels ihnen etwas anzubieten hat, dass zu gelingendem Leben verhilft. Das ist zum einen die Einweisung in seine Gebote, in eine Ethik, die das Wohl des anderen im Blick hat. Dabei geht es besonders um die

Zuwendung zu den Gruppen am Rand: den Frauen und Kindern, die in einer patriarchalen Gesellschaft ohne den Schutz eines Mannes auskommen müssen und oft der Willkür anderer ausgesetzt sind. Diese Ethik der Solidarität ist für die anderen Völker attraktiv. Daneben steht als zweites das Herstellen von Gerechtigkeit. Sie kommt durch Gottes Schiedsspruch zustande und dadurch, dass er die Völker zurechtweist. Offensichtlich sind sie ihrerseits bereit, sich auf sein Urteil einzulassen. Erst dann, wenn die Verhältnisse der Menschen und Völker untereinander durch einen neutralen Schiedsrichter in Ordnung gebracht sind, eröffnet sich ein Raum für Frieden.

So weit davon entfernt ist dann aber die Gegenwart plötzlich doch nicht mehr. Jesajas Vision wird geerdet mit der Aufforderung an seine Glaubensbrüder und -schwestern: „Kommt nun, ihr vom Hause Israel, lasst uns wandeln im Licht des Herrn". Das Friedensreich leuchtet schon auf und wirft einen Vor-Schein auf die Wirklichkeit. In seinem Licht sind schon heute Schritte zu Solidarität und Gerechtigkeit möglich, zu einem Leben in Fülle.

Um die Worte Jesajas in unsere Zeit hinein zu übersetzen, möchte ich von einem Film erzählen, der von der Sehnsucht nach Frieden und Verständigung unter den Völkern handelt. Er trägt den Titel „Die Dolmetscherin"[8]. Im Mittelpunkt steht eine junge Frau, die in Afrika aufgewachsen ist und sich trotz ihrer amerikanischen Eltern als Afrikanerin fühlt. Sie ist Dolmetscherin bei der UNO, weil sie den Traum teilt, dass durch den Dialog und den gewaltfreien Umgang zwischen verschiedenen Völkern Schritte zum Frieden gemacht werden. Ihre Aufgabe zu übersetzen (und das möglichst gut, unter Einbeziehung des kulturellen Bezugsrahmens) versteht sie als ihren Beitrag, die Verständigung unterschiedlicher Menschen voranzubringen. Erst im Laufe des Filmes erfährt die Zuschauerin, dass die Ideale dieser Frau auf dem Boden ganz anderer Erfahrungen gewachsen sind. Einige Jahre zuvor hatte sie noch

[8] Thriller von Sydney Pollack aus dem Jahr 2005 mit Nicole Kidman und Sean Penn

in ihrem afrikanischen Heimatland als Guerillera dafür gekämpft, den grausamen und korrupten Staatschef zu stürzen. Man sieht sie im Kampfanzug durch den Busch marschieren, das Maschinengewehr in der Hand – und kannte sie bis dahin nur als die dezent gekleidete unauffällige UNO-Mitarbeiterin. Sie kennt beides: Den Kampf mit dem Schwert, bzw. dem Gewehr, und das Sich-Verlassen auf das gesprochene Wort, das zunächst flüchtig und fragil erscheint, aber doch eine enorme Kraft in sich birgt, der sie zur Entfaltung verhilft. Auf diese Kraft vertraut sie, um Frieden zu schaffen.

„Da werden sie ihre Schwerter zu Pflugscharen und ihre Spieße zu Sicheln machen", heißt es bei Jesaja. Vor dem Gebäude der UNO in New York steht eine monumentale Skulptur, die einen Arbeiter zeigt, wie er ein Schwert zur Pflugschar umschmiedet. Diese Skulptur ist ein Geschenk der Sowjetunion zur Gründung der Vereinten Nationen und soll eine Mahnung zum Frieden an alle Völker sein. In der Geschichte der Dolmetscherin spiegelt sich dieser freiwillige Verzicht auf die Sprache der Waffen wider. Die Darstellung des seine Waffe umschmiedenden Arbeiters wurde Anfang der achtziger Jahre zum Symbol der Friedensbewegung in der damaligen DDR „Schwerter zu Pflugscharen". Damit richtete sie sich gegen die Aufrüstung in der Sowjetunion und der westlichen Welt. Solche Aktualität und provozierende Kraft konnte dieses Bibelwort entfalten.

Mir fällt auf, dass Meinungsverschiedenheiten und Konflikte auch im Friedensreich, das Jesaja erschaut, nicht vorbei sind. Seine Vision endet mit: „Es wird kein Volk wider das andere das Schwert erheben, und sie werden hinfort nicht mehr lernen, Krieg zu führen." Kein Wort davon, dass sie alle so gewandelt sein werden, dass sie dasselbe wollen und in absoluter Harmonie nebeneinander leben. Was sich geändert hat, ist die Art, wie man Konflikte miteinander austrägt: nicht mehr mit Krieg und Gewalt, sondern friedlich. Das ist sowohl im Miteinander der Völker als auch zwischen einzelnen Menschen wichtig zu lernen. Aggressionen und Ärger gehören zum Zusammenleben dazu; und obwohl sie uns oft stören oder beunruhigen, werden wir sie nicht los. Wir sollten sie in einem ersten Schritt akzeptieren, sie sogar als notwendig ansehen, um sich voneinander abzugrenzen und sein Eigenes zu verteidigen. Der nächste Schritt ist dann, mit ihnen umzugehen lernen und das Streiten einzuüben, das den anderen nicht verletzt, aber die eigene Position verteidigt. Dann kann die Energie, die in der Aggression steckt, konstruktiv umgeleitet werden.

Um Frieden zwischen den Völkern zu schaffen, ist die gerechtere Verteilung von Nahrung, Geld und Lebensmöglichkeiten sicherlich die entscheidende Voraussetzung, an der mit aller Kraft gearbeitet werden muss. Solange das aber noch nicht erreicht ist, braucht man, auch um sich zum Beispiel gegen Terrorangriffe zu schützen, noch Waffen, um sich verteidigen zu können.

Wir sollen uns aber die Vision Jesajas vor Augen halten, dass wir eines Tages die Waffen nicht mehr brauchen werden, weil wir verlernt haben, Krieg zu führen.

Das Licht eines Lebens in Frieden möge schon heute in unsere Gegenwart hinein leuchten und uns beflügeln, Frieden zu schaffen, wo immer wir können.

Amen.

Bei mir bist du schön – „Ich habe dich bei deinem Namen gerufen“[9]

Liebe Schwestern und liebe Brüder!

Eine Liebeserklärung macht uns Gott: „Fürchte dich nicht, denn ich habe dich erlöst; ich habe dich bei deinem Namen gerufen; du bist mein! Wenn du durch Wasser gehst, will ich bei dir sein, dass dich die Ströme nicht ersäufen sollen, und wenn du ins Feuer gehst, sollst du nicht brennen, und die Flamme soll dich nicht versengen... Weil du in meinen Augen so wert geachtet und auch herrlich bist und weil ich dich liebhabe."

Gottes Liebeserklärung ist ursprünglich an sein Volk Israel gerichtet, das in der Verbannung in Babylon verzagt und Gottes Trost dringend braucht. Der Prophet Jesaja hat Israel diese Verheißung zugesprochen, um es zu neuer Hoffnung zu ermutigen. Wir Christinnen und Christen lesen diese Worte zur Taufe, sie sind für viele der Tauftext schlechthin und stehen auch als Leitvers über diesem Gottesdienst. Gottes Segen wird überschwänglich über uns ausgeschüttet.

Hören wir nun den gesamten Predigtabschnitt aus dem Buch des Propheten Jesaja im 43. Kapitel:

„Und nun spricht der HERR, der dich geschaffen hat, Jakob, und dich gemacht hat, Israel: Fürchte dich nicht, denn ich habe dich erlöst; ich habe dich bei deinem Namen gerufen; du bist mein! Wenn du durch Wasser gehst, will ich bei dir sein, dass dich die Ströme nicht ersäufen sollen; und wenn du ins Feuer gehst, sollst du nicht brennen, und die Flamme soll dich nicht versengen. Denn ich bin der HERR, dein Gott, der Heilige Israels, dein Heiland. Ich habe Ägypten für dich als Lösegeld gegeben, Kusch und Seba an deiner Statt, weil du in meinen Augen so wertgeachtet und auch herrlich bist und weil ich dich liebhabe. Ich gebe Menschen an deiner Statt und Völker für dein

---

[9] Predigt über Jesaja 43,1-7 am 6. Sonntag nach Trinitatis 2013 in Lübeck, Predigtreihe V, veröffentlicht in den „Göttinger Predigten“

Leben. So fürchte dich nun nicht, denn ich bin bei dir. Ich will vom Osten deine Kinder bringen und dich vom Westen her sammeln, ich will sagen zum Norden: Gib her! und zum Süden: Halte nicht zurück! Bring her meine Söhne von ferne und meine Töchter vom Ende der Erde, alle, die mit meinem Namen genannt sind, die ich zu meiner Ehre geschaffen und zubereitet und gemacht habe."

Viele Elemente, die bei der Taufe wichtig sind, kommen hier vor: Gott erlöst uns von dem, was uns von ihm trennt. Anders gesagt: Er vergibt uns unsere Schuld und macht einen neuen Anfang mit uns. Bei der Taufe eines kleinen Kindes, das Gut und Böse noch nicht unterscheiden kann, ergibt das keinen Sinn. Aber doch dann, wenn ein Erwachsener oder eine Jugendliche getauft wird und bewusst diesen Schritt geht, um ein Leben mit Gott zu beginnen. Dann kann es befreiend sein, dass Gott zu ihm oder ihr sagt: Was vorher war, zählt nicht mehr, ich ziehe einen Schlussstrich darunter und befreie dich von allem, was du vorher falsch gemacht hast. Mit der Taufe beginnt dein Leben noch einmal neu. Nutze diese Chance!

Unser Bibeltext spricht davon, dass Gott uns bei unserem Namen ruft und wir zu ihm gehören. Das steht im Zentrum der Taufe: der Name des Kindes wird genannt und mit Gottes Namen verbunden: „Pia, ich taufe dich im Namen Gottes des Vaters und des Sohnes und des Heiligen Geistes", heißt es bei der Taufe. Mit dem Namen sind wirklich wir gemeint, kein anderer. Unser Name macht uns besonders. Er begleitet uns unser ganzes Leben lang und ist ein Teil von uns, wir machen verschiedene Erfahrungen mit ihm.

Jeder hat eine spezielle Beziehung zu seinem Namen, weiß vielleicht noch, dass er als Kind Schwierigkeiten hatte, ihn richtig auszusprechen oder hat sich an einen Spitznamen gewöhnt, der den richtigen Namen ersetzt hat. Merkwürdig ist, wenn es im Alter keinen mehr aus der eigenen Generation gibt, der einen noch mit Namen nennt, sondern da nur die Jüngeren sind, für die man Vater oder Mutter, Oma oder Opa ist. In der Taufe, am Anfang unseres Lebens, wird unser Name uns geschenkt und laut vor der versammelten Gemeinde genannt. Damit wissen auch die anderen, wer wir sind und dass wir zu Gott gehören.

Jesaja erwähnt das Wasser, das Element, das bei der Taufe unverzichtbar ist. Gott verspricht seinem Volk und uns, uns in Gefahr zu schützen, damit die Wasserströme uns nicht ertränken können. Bei der Taufe wird der Kopf des Kindes mit ein wenig Wasser benetzt, so dass kaum deutlich wird, wie gefährlich und lebensbedrohlich Wasser werden kann. Wir haben das vor wenigen Wochen erlebt, wie Wasser über seine Ufer treten kann und eine enorme Kraft entwickelt, der Menschen kaum noch oder gar nicht mehr widerstehen können. Wasser ist auch zerstörerisch, und wir müssen Vorsichtsmaßnahmen ergreifen, um uns vor der Gewalt des Wassers zu schützen.

Bei den Taufen in der frühen Christenheit war von der Gefährlichkeit des Wassers noch etwas zu ahnen, wenn der erwachsene Täufling dreimal ganz in den Fluss getaucht wurde und dann, nach Luft schnappend, wieder ans Tageslicht kam. Er war dem Wasser entronnen und symbolisch durch den Tod hindurchgegangen.

„Wenn du durch Wasser gehst, will ich bei dir sein, dass dich die Ströme nicht ersäufen sollen", sagt Gott dem Täufling zu. Gott verspricht ihm nicht, dass er keinen Gefahren ausgesetzt sein wird, sondern dass er ihn in Gefahren beschützen wird. Manchmal neigen wir dazu zu glauben, dass einem getauften Kind nichts mehr passieren könnte, dass es so etwas wie einen magischen Schutz empfangen hat. Für die Eltern mag das zwar eine Beruhigung sein, aber so ist Gottes Zusage nicht gemeint. Er hält seine Hand über uns und unsere Kinder, aber er hält nicht alle Gefahren von uns fern. Sehr wohl geht er aber mit uns durch Wasser und Feuer hindurch und bleibt an unserer Seite, komme, was wolle.

Gottes Liebeserklärung geht weiter: „Du bist in meinen Augen wertgeachtet und herrlich, ich habe dich lieb." Bei Gott hat jeder von uns einen Wert, von Anfang an. Diesen Wert kann man nicht messen und beschreiben, er ist unermesslich. Das gilt auch für Kinder, die krank sind, eine Behinderung haben oder unerwünscht sind. Gott weiß, warum er sie auf die Erde hat kommen lassen. Zur Liebe gehört dazu, dass man den anderen herrlich und schön findet, ganz unabhängig davon, ob er den geltenden Schönheitsvorstellungen entspricht. Ein neugeborenes Baby ist selten hübsch, aber trotzdem ist es für seine Eltern das wunderbarste Geschöpf auf der Erde - weil sie es liebhaben und ihre Liebe es verschönert. „Ich habe dich lieb, du bist für mich wertvoll", so sagt es Gott einem jeden in der Taufe zu. Davon können wir leben und uns nähren, jeden Tag, auch als Erwachsene. Und wir können unseren Kindern und Enkeln davon erzählen und ihnen weitergeben, dass sie für Gott einmalig und wunderbar sind - so wie für uns auch.

Gott sagt uns zu: „Fürchte dich nicht!" Fürchte dich nicht, wenn du dich alleine fühlst und keiner dich versteht; fürchte dich nicht, wenn du krank bist; fürchte dich nicht, wenn du nicht weißt, wie dein Leben weitergehen wird. Ich, Gott, habe mich mit dir verbündet, dein Name und mein Name sind nicht voneinander zu trennen. Ich halte meine Hand über dich. Du kannst dich darauf verlassen, dass ich dich lieb habe.

Für viele von uns spielt ihre Taufe keine Rolle, weil wir uns nicht mehr aktiv an sie erinnern und weil uns nicht klar ist, dass sie ein Versprechen Gottes für unser ganzes Leben ist. Aber die Taufe gilt für immer: Wir können durch sie begreifen, dass Gott uns sucht, noch bevor wir uns für ihn interessieren, noch bevor wir etwas leisten können. Sein erstes Wort an uns ist eines der unbedingten Liebe und sein Versprechen, dass er uns nicht vergessen wird. Erst später können wir darauf antworten und unseren Teil dazu beitragen, damit eine lebendige Beziehung entsteht.

Sich an die eigene Taufe bewusst zu erinnern, ist eine gute Einübung in Gottes Liebe. Jede Taufe eines Kindes in der Familie, im Freundeskreis und in der Gemeinde ist eine Einladung an uns, an Gottes Zusage bei unserer eigenen Taufe zu denken: „Fürchte dich nicht, denn ich habe dich erlöst; ich habe dich bei deinem Namen gerufen; du bist mein!" Wenn Martin Luther Angst hatte, tröstete er sich damit, dass er getauft war. Er fürchtete sich davor zu versagen oder war sich nicht sicher, ob Gott ihm gnädig wäre. Dann hat er sich selbst daran erinnert, dass er getauft war und dass Gott versprochen hatte, ihn nicht fallenzulassen. Für Luther war das sinnlicher und greifbarer als nur die reinen Worte der Bibel, es machte ihm wieder Mut und bändigte seine Furcht.

So möge auch für uns die Erinnerung daran, dass wir getauft sind, wichtig werden und uns darin bestärken, dass wir Gottes Kinder sind, nach seinem Namen genannt und von ihm geliebt.
Amen.

„Ich will Neues schaffen – Jetzt wächst es auf“[10]

Liebe Schwestern und liebe Brüder!

Am Abend des alten Jahres halten wir den Strom der Zeit für einen Moment an. Wir lassen ihn nicht einfach weiterfließen, sondern unterbrechen ihn. Der Zeitstrom soll uns nicht wie gewohnt davon tragen, sondern uns zur Ruhe kommen lassen, damit wir innehalten können und Raum für einige Fragen an das zu Ende gehende Jahr haben. Was war mir wichtig in diesem Jahr 2006? Wodurch ist es geprägt worden? Was hat mich bereichert und glücklich gemacht, woran denke ich gerne zurück? Aber auch: Was war schwer und mühsam? Wovon musste ich Abschied nehmen? So oder ähnlich fragen sich die meisten von uns in dieser Zeit zwischen Weihnachten und Neujahr, „zwischen den Jahren”. Wir machen den Versuch, zu unserem eigenen Leben auf Abstand zu gehen, es gleichsam aus der Vogelperspektive zu betrachten, um Bilanz ziehen zu können.

Neben das, was jede und jeden persönlich beschäftigt hat, tritt, was uns als Gemeinschaft umtreibt: Was ist im Leben unserer Gemeinde passiert? Was ist in unserem Land Mexiko geschehen, wie hat es sich durch die Präsidentschaftswahl und den Amtswechsel verändert? Und wie hat das vergehende Jahr unsere Welt geprägt? Ich nenne als Stichworte nur den Krieg zwischen Israel und dem Libanon, die weiter brennenden Konfliktherde im Irak und Afghanistan und das Erstarken des Iran.

Es bleibt heute Abend aber nicht beim Blick zurück. Wir richten unsere Gedanken auch auf das neue Jahr, das beginnt, und möchten an seiner Schwelle gerne ergründen, was es uns bringen wird. Einiges lässt sich vielleicht schon absehen, aber vieles liegt noch im Dunkeln, vielleicht zu unserem Wohl. In dieser Zeit des Übergangs suchen wir nach Kontinuitäten, nach dem, was bleibt im Fluge unserer Zeiten. Wir möchten uns vergewissern, dass Gott uns in das neue Jahr hinein

[10] Predigt über die Jahreslosung für 2007 Jesaja 43,19 am Altjahrsabend 2006 in Mexiko.

begleitet und durch es hindurch. Die Jahreslosung für das Jahr 2007 hilft uns dabei, uns zu orientieren, indem sie uns Gottes Willen deutlich macht: Er möchte etwas Neues mit uns beginnen. Die Losung steht bei Jesaja im 43. Kapitel und lautet:

„Gott spricht: Siehe, ich will ein Neues schaffen,
jetzt wächst es auf, erkennt ihr's denn nicht?"

Gott stellt sich hier vor als Schöpfer, als einer, der nicht ein für alle Mal fertig ist mit dem, was er ins Leben gerufen hat, sondern der weiter schafft. Sein Schöpfungswerk ist noch nicht zu Ende, er will Neues hervorbringen und tut es schon: „Jetzt wächst es auf." Der Samen zu dem Neuen ist schon gesät, die Pflanze wächst, aber ist noch nicht reif. Wenn ich vom Aufwachsen höre, entsteht vor meinem inneren Auge das Bild eines Kornfeldes, auf dem das Getreide schon gewachsen ist, das aber noch Zeit hat bis zur Ernte. Kniehoch sind die Halme bereits und wenn man durch das Feld geht, spürt man ihre Berührung an den Beinen. Man kann die Ähren durch die Finger gleiten lassen und ihre Körner zählen. Noch einige Wochen wird es dauern, bis das Getreide reif und gelb zur Ernte ist, aber die Zeit ist absehbar. Es wächst.

„Erkennt ihr's denn nicht?", fragt Gott sein Volk in dem Vers des Jesaja, und es schwingt ein vorwurfsvoller Unterton mit. „Seid ihr so skeptisch, dass ihr gar nichts merkt, nichts merken wollt?" Es ist, als wären die Menschen blind für die Zeichen der Zeit, als fehlte ihnen der rechte Blick, um zu erkennen, was Gott für sie tut. Er will sie wachrütteln, damit sie endlich richtig sehen mit ihren Augen.

Die Menschen, an die Gott sich mit diesen Worten ursprünglich richtete, lebten im Exil in Babylonien. Sie waren nach der Niederlage Israels im sechsten Jahrhundert vor Christus verschleppt worden und mussten nun den Siegern dienen. Sie mussten gehorchen, wo sie vorher angeordnet hatten, mussten säen, ohne zu ernten, Häuser bauen, ohne darin zu wohnen, mussten weben, ohne den Stoff zu tragen. Lange ging das, ein Menschenleben lang, und sie waren dabei, die Hoffnung zu verlieren, dass sie jemals in ihre Heimat zurückkehren würden. Sie fühlten sich von Gott verlassen, der sie weder vor der Niederlage noch vor der Gefangenschaft bewahrt hatte und anscheinend ohnmächtig war gegen die Götter der Babylonier.

In diese Situation spricht Gott hinein, indem er seinem Propheten, dem zweiten Jesaja, sein Wort in den Mund legt: „Siehe, ich will ein Neues schaffen, jetzt wächst es auf, erkennt ihr's denn nicht?" und er fährt fort: „Ich mache einen Weg in der Wüste und Wasserströme in der Einöde… zu tränken mein Volk, meine Auserwählten" (Jes.43,19f). Die Verschleppten, die das hörten, assoziierten damit einen Weg zurück in ihre Heimat, durch die Wüste hindurch, und damit ein Ende des Exils. Gleichzeitig klang die Erfahrung der Befreiung aus Ägypten an, als Gott sein Volk in die Freiheit geführt und dafür gesorgt hatte, dass das ägyptische Heer, das sie verfolgte, in den Wassern des roten Meeres unterging. Als die Israeliten dann in der Wüste zu verdursten drohten, ließ Gott Wasser aus dem Felsen fließen, so dass sich alle satt trinken konnten: Wasserströme in der Einöde.

Gott will seine Menschen daran erinnern, dass er sie in der Vergangenheit gerettet hat und sie dadurch in dem Glauben stärken, dass er es auch in Zukunft wieder tun kann. Er will Neues schaffen, ihre Situation verändern. So lässt er die geschichtliche Situation heranreifen, bis es so weit ist: Nach 50 Jahren bekommen sie die Erlaubnis, in ihre Heimat zurückzukehren und viele machen sich auf den Weg nach Israel, um wieder aufzubauen, was zerstört war und einen Neubeginn zu wagen.

So viel aus der Zeit des zweiten Jesaja. Aber lasst uns nach diesem Abstecher wieder zurückkehren in unsere Zeit. „Siehe, ich will ein Neues schaffen", das gilt auch uns an der Schwelle zum neuen Jahr. Dem Gott, der uns schon in der Vergangenheit begleitet und gerettet hat, ist das Neue nicht fremd, sondern er selbst will etwas anderes beginnen. Es geht nicht alles weiter im alten Trott, sondern Neues liegt in der Luft. Gott ist der Gott der Veränderung und des Neuanfangs. Es geschieht nicht einfach nur von selbst, sondern Gott schafft und befördert es.

Im Leben jedes Einzelnen ist Gott am Werk und legt die Samen für etwas Neues, was aufwachsen will. Vielleicht lässt er uns bisher unbekannten Menschen begegnen, die unser Leben verändern und bereichern. Oder er führt uns auf neue Wege, indem wir in eine andere Stadt oder ein anderes Land ziehen. Mag sein, dass er eine Beziehung, in der wir schon länger leben, verändert, so dass Dinge möglich werden, die bisher nicht vorstellbar waren.

„Erkennt ihr's denn nicht?" fragt Gott in der Jahreslosung. Oft fehlt uns die Gabe, das Neue und Gottes Hand, die darin am Werke ist, wahrzunehmen. Wir werden heute aufgefordert, unsere Augen und Sinne zu schärfen für Gottes Spuren in unserem Leben. Wir werden dazu aufgefordert, mit Gott zu rechnen. Gut möglich, dass uns erst im Rückblick deutlich wird, dass Gott uns die Wege geführt hat, die wir gegangen sind, von denen wir dachten, wir allein hätten uns für sie entschieden. Beim Innehalten zum Jahreswechsel können wir die Fußstapfen Gottes im letzten Jahr erkennen und die Samen, die er schon gesät hat, damit Neues aufwächst in der nächsten Zeit.

Wir bitten Gott, dass er uns auch weiterhin gnädig zugewandt bleibt und uns an seiner Hand führt, hinein in das Neue, das gleichzeitig fasziniert und Angst macht. Und wir hoffen, dass wir Gottes Hand erkennen in dem, was auf uns zukommt, in dem Neuen, das er für uns bereitet, zu unserem Heil.

„Vertraut den neuen Wegen" ruft uns der Dichter eines Liedes[11] zu „vertraut ihnen, weil Gott selbst sie euch weist… Die Zukunft ist sein Land… Die Tore stehen offen", die Tore des neuen Jahres 2007, „das Land ist hell und weit."

Lasst uns durch diese Tore hindurchgehen voller Vertrauen auf Gottes Führung im neuen Jahr.
Amen.

[11] Evangelisches Gesangbuch 395,3

Gnade versus Zorn – „Meine Gnade soll nicht von dir weichen“[12]

Liebe Schwestern und liebe Brüder!

Der heutige Predigttext spricht von Gottes Erbarmen für sein Volk Israel. Der Prophet Jesaja, den Gott zu seinem Sprecher macht, wendet sich an seine Landsleute, die seit 50 Jahren im Exil in Babylon leben, mit der folgenden Botschaft:

„Ich habe dich einen kleinen Augenblick verlassen, aber mit großer Barmherzigkeit will ich dich sammeln. Ich habe mein Angesicht im Augenblick des Zorns ein wenig vor dir verborgen, aber mit ewiger Gnade will ich mich deiner erbarmen, spricht der HERR, dein Erlöser.
Ich halte es wie zur Zeit Noahs, als ich schwor, dass die Wasser Noahs nicht mehr über die Erde gehen sollten. So habe ich geschworen, dass ich nicht mehr über dich zürnen und dich nicht mehr schelten will.
Denn es sollen wohl Berge weichen und Hügel hinfallen, aber meine Gnade soll nicht von dir weichen, und der Bund meines Friedens soll nicht hinfallen, spricht der HERR, dein Erbarmer.”

Die Erde bebt. Berge weichen. Hügel fallen. Gottes Gnade aber kann kein Erdbeben erschüttern. Der Prophet Jesaja stimmt seine Brüder und Schwestern im Exil neu auf die Liebesgeschichte zwischen Gott und den Menschen ein. Nach einer Zeit bitteren Zorns spricht Gott ein gnädiges Wort seines Erbarmens.

Wir sind gewöhnt, uns Gott als barmherzig vorzustellen: Als einen, der uns vergibt, der uns mit offenen Armen empfängt. Darüber vergessen wir aber schnell, dass Gott uns auch voller Zorn anschauen kann. Daran erinnert uns der Prophet Jesaja, und ich glaube, es ist gut, dass er das tut. Natürlich möchte niemand im Bannstrahl des göttlichen Zornes stehen. Niemand wünscht sich die Erdbeben, von denen Jesaja spricht, weil sie Lebenswege ins Wanken bringen und einen Menschen in den Abgrund der Verzweiflung stürzen lassen können. Diese Mischung, nein, der Widerspruch zwischen Gnade und Zorn löst bei uns ein banges Gefühl vieler Befürchtungen aus.

---

[12] Predigt über Jesaja 54,7-10, zu Lätare 2008, in Mexiko, Predigtreihe VI.

Aber eine Liebesgeschichte kennt nicht nur die Zeiten, in denen beide einander gut sind, sondern auch die anderen Zeiten, wo man sich über den anderen ärgert, wo man wütend auf ihn ist und sich verletzt fühlt. So geht es auch zu zwischen Gott und seinem Volk, zwischen Gott und uns Menschen. Da ist Leidenschaft mit im Spiel, weil es Gott nicht gleichgültig lässt, was wir tun, und das kann dann auch seinen Zorn provozieren.

Viele wünschen sich Gott als einen lieben Gott und rücken ihn sich so zurecht. Dieser vermeintlich liebe Gott heißt alles und jedes gut, was wir auf Erden zu Wege bringen. Aber einem Gott, der zu allem, was geschieht, Ja und Amen sagt, dem ist im Grunde alles gleichgültig. Deswegen sollten wir es wagen, Gottes Zorn und seine Barmherzigkeit nebeneinander stehen zu lassen. Gott nimmt Anteil an dem, was wir tun. Keineswegs lässt er uns Menschen gleichgültig und kalt allein. Das bedeutet: Weder heißt Gott alles gut, was auf Erden geschieht, noch verdammt er alles.

Sind denn Zorn und Barmherzigkeit bei Gott gleich gewichtet, gerecht verteilt auf die rechte und die linke Seite einer Waage? Sollen wir uns Gottes Gerechtigkeit so vorstellen, dass er Zorn und Barmherzigkeit ausgewogen und in gleich großen Mengen unter die Menschen verteilt? Jedem das Seine an Zorn - jedem das Seine an Gnade? Der Gott, von dem Jesaja spricht, hat seine Waage so „manipuliert", dass seine Barmherzigkeit viel mehr ins Gewicht fällt als der Zorn. Das Leichtgewicht des Zorns gewinnt niemals die Oberhand über das schwere Gewicht der Gnade. Der göttliche Zorn dauert nur einen kleinen Augenblick, die Gnade dagegen eine Ewigkeit lang. Im Zorn verbirgt sich Gott vor den Menschen, in der Gnade schließt er einen neuen, ewigen Bund mit ihnen.

Wenn Jesaja von einem „Augenblick" des Zorns spricht, ist damit Gottes Sicht gemeint, nicht unsere. Seit zwei Generationen leben die Israeliten nun schon in Babylon, die gesamte theologische und politische Elite des Volkes wurde nach einer verheerenden militärischen Niederlage in die Gefangenschaft abtransportiert. Die

Hoffnung, dass dieses Exil nur wenige Jahre währen würde, bewahrheitete sich nicht. Die Gefangenschaft sollte Jahrzehnte dauern…

Trotzdem folgt auf den kleinen Augenblick des Zorns die große Ewigkeit der Gnade. Gottes Zorn und seine Barmherzigkeit sind nicht ausbalanciert. Zwischen beiden herrscht nach Jesaja ein Ungleichgewicht, zugunsten der Menschen, zugunsten der Gnade.

Vielleicht fragen wir uns: Wozu braucht Gott überhaupt den Zorn, wenn die letzte Ewigkeit durch die Gnade bestimmt ist? Kann er auf den Zorn nicht verzichten? Ähnlich fragen wir uns auch, warum es so viel sinnloses Leid, unermessliche Trauer und verzweifeltes Sterben gibt. Haben sie etwa auch ihren Sinn?

Auf diese Fragen werden wir in diesem Leben keine ausreichende Antwort finden. Im Zorn verbirgt sich eine dunkle, den Menschen abgewandte Seite Gottes, die uns unverständlich ist und bleiben muss. In der Bibel wird das immer wieder ganz nüchtern ausgesprochen, nicht nur von Jesaja, sondern zum Beispiel auch von Hiob. Und dennoch: Nirgendwo ist Gott nur und allein der zornige Zerstörer, der in seiner Wut den Menschen keine Chance mehr lässt.

Es bleibt bei diesem gnädigen göttlichen Ungleichgewicht: Die Gnade liegt Gott näher als sein Zorn. Viele Theologen haben darum versucht, den Zorn Gottes als eine Art Liebe mit negativem Vorzeichen zu verstehen. Gott wendet sich nicht gegen die Menschen. Ihre Würde erkennt er an. Aber er wendet sich gegen die Sünde des Menschen, gegen das, was den Menschen von Gott trennt.

Die Bibel beschreibt die Sünde als eine Wirklichkeit, die den Menschen belastet und quält: Es gibt etwas, das sich zwischen uns und Gott schiebt, um uns von Gott zu trennen. Das kann ein bewusstes Sich-Abwenden von Gott sein oder ein gleichgültiges: „Du kümmerst mich nicht, du bist mir egal". Und dem begegnet Gott mit Zorn und Gnade zugleich. Gott möchte, dass wir uns von dem, was uns von ihm trennt, verabschieden, dass wir uns gegen die Sünde und für ihn entscheiden. Dafür setzt er sich ein, mit Leidenschaft.

Und wenn wir auf seine Hilfe zurückgreifen wollen, um uns nicht länger von der Sünde bestimmen zu lassen, ist es gut, sich ins Gedächtnis zu rufen, dass Gottes Erbarmen überwiegt. Seine Gnade und Barmherzigkeit begleiten und bestimmen unseren Lebensweg, auch wenn wir das für Augenblicke nicht merken oder vergessen, wenn wir uns elend und verletzt fühlen.

Aber wir können uns darauf verlassen:
Wichtiger und gewichtiger ist stets die Gnade Gottes.
Amen.

Gott sei Dank! – „Brich dem Hungrigen dein Brot“[13]

Liebe Schwestern und liebe Brüder! Liebe Festgemeinde!

Heute am Erntedankfest staunen wir über alles, was wir in unserem Leben haben und genießen können: Brot und Weintrauben, Maiskolben und Mohrrüben, Frijoles (schwarze Bohnen) und Reis, die hier auf und neben dem Altar liegen, symbolisieren das, was wir jeden Tag essen und wovon wir satt werden. Dazu kommt das, woran wir uns freuen können, was unser Leben schöner macht, dafür stehen die üppigen Sonnenblumen. Heute erinnern wir uns gegenseitig daran, dass Gott uns all das schenkt, weil er es gut mit uns meint. Natürlich kaufen wir hier in der Großstadt Gemüse, Obst und Blumen im Supermarkt, aber dass der Mais Kolben ansetzt, die reif werden, dass die Sonnenblumen aus dem kleinen Samen zu einer großen Pflanze werden, liegt nicht nur an den Bauern, sondern auch an der Fruchtbarkeit der Erde und an Sonne und Regen zur rechten Zeit. Gott hat bei allem Wachsen und Gedeihen seine Hand im Spiel.

Erntedank führt uns zumindest einmal im Jahr vor Augen, dass nichts von dem, was wir im täglichen Leben haben und gebrauchen, selbstverständlich ist. In Martin Luthers Glaubensbekenntnis[14], das wir eben zusammen gesprochen haben, wird all das sehr plastisch benannt, was wir zu einem guten Leben nötig haben. Wichtig ist, dass es uns gut geht an Leib und Seele: dass wir sehen und hören, unsere Glieder und Sinne gebrauchen können, dass unser Verstand funktioniert und unsere Seele im Einklang mit sich selbst ist – wenn etwas davon beeinträchtigt ist, merken wir es

---

[13] Predigt über Jesaja 58,7-12 zu Erntedank 2005 in Mexiko, Predigtreihe III

[14] Glaubensbekenntnis mit Worten von Martin Luther:
Ich glaube, dass mich Gott geschaffen hat / samt allen Kreaturen, / mir Leib und Seele, Augen, Ohren und alle Glieder, / Vernunft und alle Sinne gegeben hat und noch erhält; / dazu Kleider und Schuh, Essen und Trinken, / Haus und Hof, Weib und Kind, / Acker, Vieh und alle Güter; / mit allem, was not tut für Leib und Leben, / mich reichlich und täglich versorgt, / in allen Gefahren beschirmt / und vor allem Übel behütet und bewahrt; / und das alles aus lauter väterlicher, / göttlicher Güte und Barmherzigkeit, / ohn‘ all mein Verdienst und Würdigkeit; / für all das ich ihm zu danken und zu loben / und dafür zu dienen und gehorsam zu sein schuldig bin. / Das ist gewisslich wahr. Amen.

bald. Luther nennt dann Weiteres, was zu unserem „täglichen Brot" dazu gehört: dass wir etwas zum Anziehen haben, genug zu essen und zu trinken und ein Dach über dem Kopf, wo wir geborgen sind. Und er kommt dann zu den Menschen, mit denen wir unter diesem Dach zusammen leben: unser Ehepartner und die Kinder, also die Menschen, die uns am nächsten stehen, mit denen wir am meisten teilen, auch wenn dieses Zusammenleben nicht ohne Konflikte verläuft.

Wichtig ist Martin Luther auch, dass wir eine Arbeit haben, die uns ernährt, sei es als Bauer oder, so ergänze ich, als Geschäftsmann, als Lehrerin, als Angestellter oder Übersetzerin. Etwas zu kurz kommt bei Luther das Schöne und Zweckfreie im Leben, das unser Herz erfreut: Musik, ein gutes Buch, freie Zeit, Freunde und Freundinnen, gutes Wetter, die Schönheit einer Landschaft, ein Fest so wie heute und vieles andere, was Sie und Ihr jetzt sicherlich in Gedanken ergänzen könnt. All das ist Teil unseres Lebens und lässt es gelingen, so dass wir uns daran freuen können.

Einiges von dem, was wir eben genannt haben, können wir selbst in die Hand nehmen und gestalten, indem wir uns zum Beispiel durch Sport körperlich fit halten oder uns in der Schule und in der Ausbildung bemühen, gut mitzukommen, um später eine uns befriedigende Arbeit zu finden. Unsere Eigeninitiative ist wichtig und Gott erwartet sie von uns. Aber Vieles, was wir brauchen, um gut und glücklich zu leben, liegt nicht in unserer Hand: dass wir die finanziellen und die intellektuellen Voraussetzungen mitbringen, um eine gute Schule zu besuchen, dass wir einen Partner oder eine Partnerin finden, mit dem wir uns vorstellen können, das Leben zu teilen, dass wir auch im Alter einigermaßen gesund und geistig fit bleiben, all das bestimmen wir nicht. Wenn wir heute auf das schauen, was uns in unserem Leben geschenkt worden ist und geschenkt wird, lehrt uns das Bescheidenheit angesichts der eigenen Verdienste und weitet uns den Blick für Gottes Güte, aus der wir leben. Vieles, wohl das meiste in unserem Leben bekommen wir von Gott geschenkt „ohn' all unseren Verdienst und Würdigkeit", wie Martin Luther es formuliert, einfach so, weil Gott uns liebt.

Das Staunen und der Dank für das, was wir bekommen haben, öffnet uns das Herz, um mit anderen zu teilen. Denn wir können als Christinnen und Christen nicht den Blick davor verschließen, dass vielen anderen Menschen nicht die gleichen Chancen und Lebens-Mittel zur Verfügung stehen wie uns. Unsere Würde ist es, gegenüber dem Leid des anderen, unseres Mitmenschen, sensibel zu sein und uns davon anrühren zu lassen, anstatt einfach an ihm vorbei zu gehen. Wir sind aufgerufen, die Leiden der Armen und Gedemütigten zur Sprache zu bringen und ihnen zur Hilfe zu kommen.

Davon spricht auch der Abschnitt, der heute Grundlage der Predigt ist und der aus dem 58. Kapitel des Propheten Jesaja im Alten Testament stammt. Gott spricht dort zu seinem Volk und sagt ihm:

„Brich dem Hungrigen dein Brot, und die im Elend ohne Obdach sind, führe ins Haus! Wenn du einen nackt siehst, so kleide ihn, und entzieh dich nicht deinem Fleisch und Blut! Dann wird dein Licht hervorbrechen wie die Morgenröte, und deine Heilung wird schnell voranschreiten, und deine Gerechtigkeit wird vor dir hergehen, und die Herrlichkeit des HERRN wird deinen Zug beschließen. Dann wirst du rufen, und der HERR wird dir antworten. Wenn du schreist, wird er sagen: Siehe, hier bin ich.
Wenn du in deiner Mitte niemand unterjochst und nicht mit Fingern zeigst und nicht übel redest, den Hungrigen dein Herz finden lässt und den Elenden sättigst, dann wird dein Licht in der Finsternis aufgehen, und dein Dunkel wird sein wie der Mittag. Und der HERR wird dich immerdar führen und dich sättigen in der Dürre und dein Gebein stärken. Und du wirst sein wie ein bewässerter Garten und wie eine Wasserquelle, der es nie an Wasser fehlt. Und es soll durch dich wieder aufgebaut werden, was lange wüst gelegen hat, und du wirst wieder aufrichten, was vorzeiten gegründet ward; und du sollst heißen: ‚Der die Lücken zumauert und die Wege ausbessert, dass man da wohnen könne'."

Ich bleibe hängen an dem ersten Satz, in dem wir aufgefordert werden, mit den Hungrigen und Elenden zu teilen, weil sie unser „Fleisch und Blut" sind. So reden wir sonst nur von unseren Familienangehörigen, die uns blutsverwandt sind. Bei Jesaja dehnt Gott die Vorstellung der Familie auf diejenigen aus, denen alles

Lebensnotwendige fehlt und die am Rand der Gesellschaft stehen. Damit macht er uns deutlich, dass wir eine Verantwortung für sie haben, der wir uns nicht entziehen können: Sie sind Menschen, uns gleich. Gott stößt uns darauf, dass sie unsere Brüder und Schwestern sind. Jeden von uns hat er zu seinem Ebenbild gemacht und ihm diese besondere Würde verliehen, unsere Aufgabe ist es, sie in dem anderen zu erkennen und zur Entfaltung zu bringen.

In der Gottesrede Jesajas wechseln Aufforderungen zum Handeln mit Verheißungen von dem Leben, das uns in der Zukunft blüht. „Dein Licht wird sein wie die Morgenröte" , „Du wirst sein wie ein bewässerter Garten", das sind Bilder, die uns dazu verlocken, so zu sein, wie Gott sich seinen Menschen vorstellt: Er möchte, dass wir einfühlsam sind, sensibel für den Menschen neben uns, gerade wenn es ihm nicht gut geht. Er hat uns so geschaffen, dass wir mit anderen mitleiden können, dass wir ihren Schmerz, auch ihre Freude zu unserer eigenen machen. Gott stellt sich vor, dass wir "com-pasivos" (mitleidig) sind. Er ermutigt uns zur Barmherzigkeit, dazu, unser Herz für den anderen zu weiten und ihm zu helfen. Und er möchte, dass wir uns für Gerechtigkeit engagieren, dass die einen abgeben von ihrem Überfluss, damit die anderen genug zum Leben haben.

Schnell haben wir den Eindruck, dass wir mit zu hohen Erwartungen konfrontiert werden, die uns überfordern. Ja, Gott erwartet viel von uns, aber er kennt auch unsere Begrenzungen und Ängste. Kaum einer wird tatsächlich einen Obdachlosen in sein Haus aufnehmen, und wir können nicht alle Menschen, die hungern, satt machen. Aber wir können an einer oder zwei Stellen anfangen, Menschen in Not zu helfen, so dass sie würdig leben können.

Wir setzen heute am Erntedankfest Zeichen, indem wir die Gaben vom Altar an eine Einrichtung für ledige Mütter geben, die früher auf der Straße gelebt haben und jetzt mit ihren Kindern ein Dach über dem Kopf und eine Möglichkeit zur Ausbildung in der Casa Daya gefunden haben. Mit der Kollekte unterstützen wir das „Centro de

Ayuda Social", das CAS, das direkt neben unserer Kirche liegt. Dort können Leute, die keine Krankenversicherung haben, gegen ein kleines Entgelt einen Arzt aufsuchen. Außerdem erhalten junge Mädchen aus ärmeren Familien eine Ausbildung als Krankenschwester, Friseurin, Schneiderin oder Zahntechnikerin. Beide Institutionen, das CAS und die Casa Daya, freuen sich auch über weitere Spenden von Gruppen oder Einzelnen.

Der Prophet Jesaja verheißt: Wenn du „den Hungrigen dein Herz finden lässt und den Elenden sättigst, dann wird dein Licht in der Finsternis aufgehen, und dein Dunkel wird sein wie der Mittag" (V.10). Wir werden also nicht auf die Seite der Dunkelheit gehören, sondern im klaren Licht stehen. Was bei uns finster war, wird nicht mehr zählen, anders gesagt: unsere Verfehlungen werden uns vergeben, und wir werden zu Gott gehören und Kinder des Lichts sein. Gott ist denen nahe, die Mitleid mit anderen haben. Bei Jesaja heißt es auch: „Du wirst sein wie ein bewässerter Garten und wie eine Wasserquelle, der es nie an Wasser fehlt" (V.11). Das ist das Gegenbild zur Wüste, wo es einem an Wasser mangelt und man Angst hat zu verdursten. Gott verspricht uns, dass wir selbst immer genug zum Leben haben werden, wenn wir mit anderen teilen, dass unser Eigenes nicht weniger wird. Wir werden das Leben in Fülle haben, wachsen, blühen und reifen wie Bäume in einem Garten. So will uns Gott dazu verlocken, Mitleid mit unseren Brüdern und Schwestern zu haben.

Ein wichtiges Element von Erntedank ist es, sich an die zu erinnern, die Not leiden. Das hilft uns, nicht beim Danken stehen zu bleiben, sondern aus der Dankbarkeit heraus mit anderen zu teilen.

Gott schenke uns allen Phantasie und langen Atem, um uns für andere Menschen einzusetzen.
Amen.

Gott braucht mich – Jeremias Berufung[15]

Liebe Schwestern und liebe Brüder!

Gott hat etwas mit mir vor! Das erlebt auch Jeremia, dessen Dasein von Gott auf den Kopf gestellt wird. Er wird aus seinem bisherigen Leben herausgerufen. Alle Pläne und Lebensentwürfe sind plötzlich hinfällig, weil Gott mit seinem Wort radikal eingreift und seine Existenz von Grund auf verändert. Und Jeremia kann sich diesem Zugriff nicht entziehen.

„Und des Herrn Wort geschah zu mir", so fängt der Bericht über seine Berufung als Prophet an. Ich lese ihn vor:

„Und des Herrn Wort geschah zu mir: Ich habe dich gekannt, ehe ich dich im Mutterleibe bereitete, und ich habe dich ausgesondert, ehe du von der Mutter geboren wurdest, und ich habe dich bestellt zum Propheten für die Völker. Ich aber sprach: Ach, Herr, Herr, ich tauge nicht zu predigen; denn ich bin zu jung. Der Herr sprach aber zu mir: Sage nicht: ‚Ich bin zu jung', sondern du sollst gehen, wohin ich dich sende, und predigen alles, was ich dir gebiete. Fürchte dich nicht vor ihnen; denn ich bin bei dir und will dich erretten, spricht der Herr. Und der Herr streckte seine Hand aus und rührte meinen Mund an und sprach zu mir: Siehe, ich lege meine Worte in deinen Mund. Siehe, ich setze dich heute über Völker und Königreiche, dass du ausreißen und einreißen, zerstören und verderben sollst und bauen und pflanzen."

Plötzlich ist für Jeremia nichts mehr wie gewohnt. Das Vertraute wird fremd, und das Selbstverständliche hört auf, selbstverständlich zu sein. Und es wird, das ist sicher, auch nie wieder so werden wie vorher. Was ist geschehen?

Jeremia, der Priestersohn aus dem Dorf Anathot, nicht weit von Jerusalem, spricht davon, dass Gott ihn mit seinem Wort erreicht hat und dass er sich ihm nicht entziehen konnte. Er hat benannt und aufgedeckt, wer er ist - ein Herausgerufener von Mutterleib an. Gott hat ihn gerufen, und Jeremia wusste: „Ich bin gemeint. Er hat für mich einen Auftrag. Ich bin gefordert, obwohl ich nicht überschauen kann, was

[15] Predigt über Jeremia 1,4-10 am 9. Sonntag nach Trinitatis 2012 in Lübeck, Predigtreihe IV

das bedeutet: Mit seinem Wort hat Gott nach mir gegriffen. Und dieser Zugriff Gottes macht mir Angst.“ Jeremias Angst ist berechtigt, denn diese Berufung bedeutet für ihn den Aufbruch in ein ungesichertes Leben, in eine ungewisse Zukunft.

Wir sind nicht Jeremia, und wahrscheinlich ist keiner von uns zum Propheten berufen wie er. Aber trotz dieser Distanz, die wir zunächst wahrnehmen und spüren, hat das, was er erlebt, einen Bezug zu uns. Gott kennt ihn von Anfang an, schon vor seiner Geburt weiß er, wer Jeremia ist. So kennt Gott auch jeden von uns, er kennt dich und mich. Er kennt mich sogar besser, als ich selbst und andere mich kennen. Er hat einen Blick für mich, und weiß von Fähigkeiten und Begabungen, die tief in mir schlummern und die ich selbst vielleicht noch nicht entdeckt habe. Gott sieht auch, was noch aus mir werden kann, wozu ich begabt bin, welche verborgenen Schätze in mir liegen.

Wir glauben, dass wir keine Propheten sind, sondern ganz normale Christinnen und Christen, nichts Besonderes. Aber jeder und jede von uns ist ein Original. Ein Original, mit dem sich der Künstler Gott viel Mühe gegeben hat. Ein Original, das er mit Phantasie und Liebe geschaffen hat und das es nur einmal gibt. Jeder von uns ist ein von Gott geliebter, einzigartiger Mensch. Gott kennt uns. Viel Gutes hat er in uns hineingelegt – machen wir uns auf die Reise, um es zu entdecken!

Jeremia glaubt, er sei zum Propheten nicht geeignet: „Ach Herr, ich tauge nicht zu predigen, denn ich bin zu jung." Gerade seine Bedenken bringen mir Jeremia nahe, denn diese Zweifel kenne ich auch. Kann ich das wirklich, was Gott mir zutraut? Gott antwortet dem Jeremia auf seine Einwände unmissverständlich: „Tu, was ich dir sage." Was auf den ersten Blick hart und kompromisslos klingt, ist letztlich eine Entlastung, weil Jeremia hört und ich mit ihm: „Verlass dich auf mein Urteil, ich kann dich gebrauchen.“ Es ist nicht nötig, vorher zu beweisen, dass ich gut qualifiziert und besser als alle anderen bin, sondern Gott traut mir zu, dass ich fähig bin. Bei Gott hat mein Leben einen Sinn, und in der Beziehung zu ihm wird mir das selbst deutlich.

Nicht jedem von uns ist es gegeben, anderen Gottes Wort auszurichten und von ihm zu reden, wie Jeremia es tut. Für Gott sind andere Aufgaben genauso wichtig: dass jemand sich um die Menschen kümmert, die krank sind und diejenigen besucht, die sich einsam fühlen. Oder dass eine sich in einem sozialen Projekt dafür engagiert, dass Menschen eine neue Perspektive für ihr Leben entwickeln. Das können Menschen sein, die durch ihre Herkunft oder durch das, was sie getan haben, nur verschlossene Türen um sich herum sahen. Ein anderer mag die Aufgabe haben, sich in seinem Betrieb dafür einzusetzen, dass man fair miteinander umgeht und ein gutes Klima unter den Mitarbeitern herrscht. Gott hat einen Auftrag für jede und jeden von uns, egal wie jung oder alt, wie unbedeutend oder unbegabt wir uns selbst fühlen. Einen Platz gibt es, an dem wir uns dafür einsetzen sollen und dürfen, dass Gottes Friede aufleuchtet.

„Ich lege dir meine Worte in den Mund. Heute setze ich dich über Völker und Königreiche. Und das ist deine Aufgabe: Du sollst ausreißen und einreißen, zerstören und verderben und bauen und pflanzen.“ Das ist der Auftrag, den Gott für seinen Propheten Jeremia bereithält. Zunächst wird er sein Volk Israel dafür kritisieren, dass es den wahren Gott vergessen hat und anderen Göttern hinterherläuft. Gott wird sein Volk dafür bestrafen. Aber Jeremias Auftrag lautet auch: Er soll pflanzen und bauen. Das bleibt in all den Wirren und Schrecken dieser Zeit der Trost: Gott gibt sein Volk nicht verloren, selbst als ein Großteil nach Babel verschleppt wird. Das ist nicht das Ende. Nach der Katastrophe wird Gott einen neuen Anfang machen. Dort, wo jetzt Zerstörung herrscht, soll neu gepflanzt und gebaut werden.

Und Jeremia selbst? Er wird in das Schicksal seines Volkes hineingezogen. Er wird zeitlebens ein Erschütterter, ein von der Krise Geschüttelter bleiben. Unter dem Druck seiner schweren Aufgabe nimmt er sich manchmal vor: „Wohlan, ich will Gottes nicht mehr gedenken und nicht mehr in seinem Namen predigen". Aber er kommt nicht an gegen seinen Auftrag: „Aber es ward in meinem Herzen wie ein brennendes Feuer" – so umschreibt er, dass er doch wieder in Gottes Namen sprechen muss, weil er Gottes Wort nicht für sich behalten kann.

Was Jeremia ermutigt und ihn weitermachen lässt, ist Gottes Versprechen, das er ihm bei seiner Berufung gibt: „Fürchte dich nicht vor ihnen, denn ich bin bei dir und will dich erretten." Wie ein Schutzmantel legen sich diese Worte um Jeremia; in allen Anfeindungen, auch in allen Zweifeln weiß er sich von Gott gehalten und getragen. Gott ist bei ihm, deshalb braucht er sich nicht zu fürchten, weder vor Menschen noch vor den Wirren seiner Zeit. Viel fordert Gott von ihm, doch ihm ist auch viel gegeben und anvertraut. So, wie es in unserem Wochenspruch heißt: „Wem viel gegeben ist, bei dem wird man viel suchen; und wem viel anvertraut ist, von dem wird man um so mehr fordern."

Auch für uns gilt die Zusage, aus der Jeremia Kraft und Zuversicht schöpft: „Fürchte dich nicht vor dem, was auf dich zukommt. Ich bin bei dir. Ich, dein Gott, der dich kennt, ich, dein Gott der dich braucht, stehe dir zur Seite." Das sind starke und ermutigende Worte. Mit diesen Worten im Ohr können wir uns ohne Angst auf die Suche nach dem machen, was Gott mit uns vorhat und nach der Aufgabe fragen, die er für uns bereit hält. Und wir dürfen darauf vertrauen, dass Gott uns wie Jeremia einen Schutzmantel umlegt und uns in ihn einhüllt. Ein Schutzmantel, der uns unempfindlicher macht gegen Anwürfe und Schwierigkeiten, ein Schutzmantel, der wie eine zweite Haut dafür sorgt, dass uns nichts ernstlich verletzen kann. „Fürchte dich nicht, denn ich bin bei dir und will dich erretten." So lautet die Zusage Gottes auch für jeden von uns.

Auf Gottes Schutz können wir uns verlassen.

Amen.

Auf dem Weg zum Leben – Seine Güte ist alle Morgen neu[16]

Liebe Schwestern und liebe Brüder!

In der Predigt geht es heute um eine Bewegung vom Tod zum Leben, also um die Erfahrung der Auferstehung. Damit knüpfen wir an das Evangelium von der Auferweckung des Lazarus an.

Wir beginnen mit dem Abstieg in den Schmerz. In den Klageliedern aus dem Alten Testament wird er in Worte gefasst. Es geht um die Erfahrung, von allen Menschen verlassen und seinen Ängsten ausgeliefert zu sein: „Ich bin ein Hohn für mein ganzes Volk", klagt der Beter (V. 14). Am schlimmsten ist, dass auch Gott sein Feind ist und sich gegen ihn stellt, ja, ihn sogar bekämpft: „Er hat auf mich gelauert wie ein Bär, wie ein Löwe im Verborgenen" (V.10). „Er hat seinen Bogen gespannt und mich dem Pfeil zum Ziel gegeben" (V.12). Er fühlt sich von Gott und allen Menschen verraten, ihm bleibt nur der verzweifelte Seufzer: „Meine Seele ist aus dem Frieden vertrieben; ich habe das Gute vergessen" (V.17).

Aber: Dieser Mensch verschließt seinen Schmerz nicht in sich, er schluckt ihn nicht schweigend herunter, sondern schreit ihn heraus. Er stellt uns, wenn wir uns ähnlich fühlen wie er, Worte zur Verfügung, die wir uns ausleihen können. Er formuliert in aller Härte, was wir uns vielleicht nicht trauen würden auszusprechen: Gott hat es auf mich abgesehen, er verfolgt mich und will mir Böses. Er schweigt, wenn ich zu ihm schreie. (V.8) Auf keinen ist mehr Verlass, noch nicht mal auf ihn. Das Unerhörte fasst der Beter dieser Klage in Worte und in Bilder.

Zu jedem Schmerz gehört ein Chaos an Gefühlen, in dem wir uns verlieren. Wer leidet, ist verwirrt und verzweifelt, er sieht keinen Ausweg mehr aus seiner Situation.

---

[16] Predigt über Klagelieder 3,21-26.31+32 am 16. Sonntag nach Trinitatis 2005 in Mexiko, Predigtreihe III

Er ist voller Angst, bis hin zu Anfällen von Panik. Er schwankt zwischen Wut und Schuldgefühlen gegenüber anderen und sich selbst. Er fühlt sich hilflos und manchmal erstarrt er in dieser Hilflosigkeit. Nichts hat er mehr in der Hand, nichts kann er mehr selbst bestimmen, er scheint dem Schicksal ausgeliefert zu sein. Ohnmacht bestimmt sein Lebensgefühl.

Wenn wir Leiden erfahren, hängt das oft mit einem Verlust, einem endgültigen Abschied zusammen. Da stirbt zum Beispiel jemand, der uns sehr nahe war, die Mutter, der Partner oder das eigene Kind. Wir haben das Gefühl, die Welt ist zu Ende und nichts wird mehr so sein wie früher, ohne diesen so sehr geliebten Menschen. Wir sind haltlos und verzweifelt, würden vielleicht am liebsten selbst sterben und können uns nicht vorstellen, dass das Leben weitergeht und noch eine Zukunft für uns offenhält. Wir wissen nicht, wie wir den nächsten Tag bestehen und all die alltäglichen Dinge verrichten sollen. Alles steht im Schatten des Verlusts.

Oder wir erhalten die Nachricht von einer schlimmen Krankheit, die unser Leben beenden könnte. Wir schwanken zwischen Verzweiflung und dem Wunsch, dagegen zu kämpfen und alles nur Mögliche zu versuchen, um unser Leben zu retten. Wir sind selbst hin- und hergerissen und wollen noch unseren Angehörigen Trost und Sicherheit vermitteln. Wir denken: „Sie brauchen mich doch, ich kann nicht einfach gehen, ich muss für sie weiterleben." Zu den körperlichen kommen die seelischen Schmerzen hinzu.

In so eine Situation der Angst und Verzweiflung hinein ist der Predigttext des heutigen Sonntags gesprochen. Er steht im dritten Kapitel der „Klagelieder":

„Dies nehme ich zu Herzen, darum hoffe ich noch: Die Güte des HERRN ist's, dass wir nicht gar aus sind, seine Barmherzigkeit hat noch kein Ende, sondern sie ist alle Morgen neu, und deine Treue ist groß. Der HERR ist mein Teil, spricht meine Seele; darum will ich auf ihn hoffen. Denn

der HERR ist freundlich dem, der auf ihn harrt, und dem Menschen, der nach ihm fragt. Es ist ein köstlich Ding, geduldig sein und auf die Hilfe des HERRN hoffen…
Denn der HERR verstößt nicht ewig; sondern er betrübt wohl und erbarmt sich wieder nach seiner großen Güte.“

Da taucht jemand aus den Abgründen auf, da spricht ein Davongekommener. Noch ist seine Stimme nicht ganz fest, noch schwingt Zweifel mit. Deshalb bittet er seine Seele, sein anderes Ich, dass sie ihn überzeugt davon, dass Gott das Gute will: „Meine Seele sagt mir’s: Die Güte des Herrn ist’s, dass wir nicht gar aus sind, seine Barmherzigkeit hat noch kein Ende“ (V.20+22). Das klingt, als wollte er sich selbst etwas zusprechen, als singe er sich selbst ein Hoffnungslied vor. Noch kann er das nicht aus vollem, ungeteiltem Herzen tun, aber doch immerhin mit halbem Herzen. Und: Er wendet sich trotz allem wieder an Gott, obwohl der ihn doch geschlagen hatte, und erinnert ihn und sich an Gottes Treue und große Güte.

Was hilft, um wieder neues Zutrauen auf Gott und das Leben zu fassen? Vor allem die Erfahrung: Ich bin nicht allein mit meinem Schmerz und meiner Sehnsucht dass es doch ein Morgen geben möge. Dass es andere Menschen gab, die Ähnliches wie ich durchgemacht haben, vermitteln mir die Geschichten und Gebete der Bibel. Sie stellen mir Bilder zur Verfügung mit denen ich das, was mir geschehen ist, vergleichen kann. Ich denke zum Beispiel an Jakob, der aus seiner Heimat flüchten musste und mit Mühe das nackte Leben vor dem Zorn seines betrogenen Bruders rettete. Er fängt im fremden Land ganz von vorne an und wird selbst um die Frau betrogen, die er liebt. Als er Jahre später zurückkehrt, muss er sich noch einmal den Schatten stellen und in der Nacht mit einem Dämon kämpfen, der ihn zum Abschied auf die Hüfte schlägt, so dass er Zeit seines Lebens hinkt. Er ist gezeichnet von dem, was er durchlebt und durchlitten hat, aber dennoch ein Gesegneter: „Du hast mit Gott und mit Menschen gekämpft und hast gewonnen” (Gen. 32,29), sagt ihm der Mann, mit dem er gerungen hat, zum Abschied.

Dass auch andere Menschen Generationen vor uns durch schwere Zeiten gegangen sind und Hilfe in ihrem Glauben gefunden haben, hören wir in den Liedern des Gesangbuches. Paul Gerhardt zum Beispiel kann nach all den Schrecken des Dreißigjährigen Krieges, die er miterlebt hat, trotzdem dichten: "Auf, auf gib deinem Schmerze und Sorgen gute Nacht, lass fahren, was das Herze betrübt und traurig macht; bist du doch nicht Regente, der alles führen soll, Gott sitzt im Regimente und führet alles wohl."[17] Der Dichter überlässt sich der Fürsorge Gottes, der besser weiß als er, was ihm guttut.

Diese und andere Worte und Lieder können wir uns ausleihen und zu eigen machen, wenn uns die eigenen Worte ausgegangen sind, wenn uns die Stimme im Hals erstickt. Sie verbinden uns mit den Menschen, die vor uns diese Lieder gesungen und gebetet haben, deren Erfahrungen in sie eingegangen und die durch sie getröstet worden sind. Diese alten Lieder sind wie Kieselsteine, die von Generation zu Generation weitergegeben werden und dabei immer glatter und runder werden. Sie sind gewaschen mit den Tränen unserer Mütter und Väter.

Was hilft, um den Tod hinter sich zu lassen und sich dem Leben neu zu öffnen? Wenn verlässliche Menschen da sind um zuzuhören, macht das das Schwere leichter. Das kann ein Freund oder ein Freundin, auch jemand aus der Familie sein, bei der wir uns aussprechen können, die uns anhört, ohne uns zu verurteilen. Die einfach da ist für uns und unseren Schmerz. Vielleicht gibt sie auch Ratschläge oder versucht uns, neuen Mut zuzusprechen, aber entscheidend ist erst mal, dass sie offen für unsere Gefühle ist und sich auf sie einlässt. Es tut gut, das, was uns umtreibt, auszusprechen und mit jemand anderem zu teilen, um einen neuen Zugang zu den eigenen Problemen zu finden und sie nach und nach zu bearbeiten.

Der Beter des Klageliedes klingt so, als sei er selbst überrascht, dass er nach all dem, was er durchlitten hat, noch am Leben ist. „Die Güte des Herrn ist's, dass wir nicht

---

[17] EG 361,7

gar aus sind, seine Barmherzigkeit hat noch kein Ende" (V.22). Er hat die Talsohle durchschritten, jetzt geht es wieder aufwärts. Und er erfährt das Leben und Gottes Gnade nicht mehr als etwas Selbstverständliches, sondern als ein Geschenk, das er jetzt ganz anders schätzen kann als vorher. Ihm ist deutlich geworden, dass das Leben zerbrechlich ist. Das, was immer selbstverständlich war, könnte plötzlich zu Ende sein. Es gibt keine Garantien, keine Sicherheiten, kein „Dir gelingt alles, was du dir vornimmst". Alles ist der Vergänglichkeit ausgesetzt.

Daneben steht aber auch die Erfahrung, dass auf Gott Verlass ist. Mag sein, er verbirgt sein Angesicht für eine Zeit, aber dann „erbarmt er sich wieder nach seiner großen Güte" (V.32). Gott liebt uns von Beginn unseres Lebens an und lässt sich davon nicht abbringen. Bei ihm sind wir schön und haben eine Würde, die keiner uns nehmen kann. Auf seine Gnade können wir unser Leben bauen.

So erleben wir, dass Tod, Schmerz und Dunkelheit nicht das letzte Wort behalten. Gott spricht in sie hinein und holt uns wieder herauf in sein Licht. Er hatte uns nicht vergessen, auch nicht, als wir glaubten, er sei weit, weit entfernt. Vielleicht hat er uns damit auf die Probe gestellt, vielleicht wollte er, dass wir uns auch dem Schweren stellen und daran reifen, aber nach einer Zeit hilft er uns, wieder neues Land zu sehen. Wir werden nach so einem Durchgang durch das Leiden anders weitergehen und das Leben bewusster wahrnehmen und genießen. Und wir können getroster als vorher die Regie unseres Lebens Gott in die Hand legen und singen:

„Befiehl du deine Wege und was dein Herze kränkt
der allertreusten Pflege des, der den Himmel lenkt.
Der Wolken, Luft und Winden gibt Wege, Lauf und Bahn,
der wird auch Wege finden, da dein Fuß gehen kann."[18]
Amen.

[18] Evangelisches Gesangbuch 361,1

Predigten über die Evangelien

Schatten – Jesus heilt einen Blinden[19]

Liebe Schwestern und liebe Brüder!

Der Predigttext für den heutigen Sonntag erzählt davon, wie Jesus einen Kranken heilt. Wir finden dieses Wunder im Markusevangelium im 8. Kapitel:

„Jesus und seine Jünger kamen nach Betsaida. Und sie brachten zu ihm einen Blinden und baten ihn, dass er ihn anrühre. Und er nahm den Blinden bei der Hand und führte ihn hinaus vor das Dorf, tat Speichel auf seine Augen, legte seine Hände auf ihn und fragte ihn: Siehst du etwas? Und er sah auf und sprach: Ich sehe die Menschen, als sähe ich Bäume umhergehen.
Danach legte er abermals die Hände auf seine Augen. Da sah er deutlich und wurde wieder zurechtgebracht, so dass er alles scharf sehen konnte. Und er schickte ihn heim und sprach: Geh nicht hinein in das Dorf!"

Zwei Dinge fallen mir in dieser Erzählung auf. Als erstes: Der Blinde wird von den Bewohnern des Dorfes zu Jesus gebracht, und sie bitten ihn, den Mann zu heilen. Der Blinde wird nicht danach gefragt, was er will, weder von seinen Nachbarn noch von Jesus. Es scheint als spielten seine Wünsche keine Rolle. Das genaue Gegenteil ist der weitaus bekanntere Blinde, von dessen Heilung die Evangelien berichten: Bartimäus setzt alles daran, von Jesus wahrgenommen und gesund gemacht zu werden, und Jesus sagt am Schluss zu ihm: „Dein Glaube hat dir geholfen." Bei unserer heutigen Geschichte ist vom Glauben des Blinden keine Rede, es wirkt so, als wüsste er selbst gar nicht recht, was mit ihm geschieht. Vielleicht weiß er noch nicht einmal, wer Jesus ist.

Die zweite Besonderheit ist, dass die Heilung nicht von einem Augenblick auf den anderen geschieht, sondern in zwei Anläufen. Als Jesus den Mann zum ersten Mal berührt und seine Augen mit Speichel bestreicht, sieht dieser noch nicht klar, sondern

---

[19] Predigt über Markus 8,22-26 am 12. Sonntag nach Trinitatis 2013 in Lübeck, Predigtreihe V

verschwommen, und sagt: „Ich sehe die Menschen, als sähe ich Bäume umhergehen." Erst als er ihm zum zweiten Mal die Hände aufgelegt hat, kann er deutlich und scharf sehen, so, als wäre er nie blind gewesen. Diese verzögerte Heilung kann man verschieden interpretieren: Vielleicht gelang Jesus das Wunder nicht sofort, weil er selbst unsicher war wie genau er die Heilung durchzuführen hatte. Oder er wollte den Blinden nicht auf einmal sehend machen, sondern ihn erst langsam an die neue Erfahrung des Sehens gewöhnen, um ihn nicht zu erschrecken.

Wollte der Blinde überhaupt geheilt werden, frage ich mich. Vielleicht hatte er sich seit Jahren in seiner Blindheit eingerichtet und sein ganzes Leben darauf abgestellt. Er lebte wohl von den Almosen, die er aus Mitleid erhielt und arbeitete nicht. Seine Familie rechnete mit diesen Einnahmen und hatte sich darauf eingestellt, ihn zu umsorgen. Auf einmal sehend zu werden, musste für ihn eine Erschütterung seiner Existenz sein: Wie sollte er jetzt seinen Lebensunterhalt verdienen, denn Almosen würde ihm nun keiner mehr geben. Wie würden sich die Beziehungen innerhalb seiner Familie, zu Nachbarn und Freunden verändern? Alles war plötzlich anders. Jetzt sehen zu können, stürzte ihn in eine Krise.

Was bedeutet es blind zu sein? Ohne sehen zu können, könnten wir weder Auto fahren noch Zeitung lesen, weder einkaufen oder schreiben. Das Leben, das wir führen, würde stark eingeschränkt, wenn wir erblindeten. Das, was die andern tun und worüber sie reden, könnten wir selbst nicht erleben und wären stattdessen stärker auf uns selbst geworfen, in uns eingeschlossen. Zu erblinden bedeutet, dass die Schatten wachsen, bis sie zu Dunkelheit geworden sind. In der Welt, in der Jesus und der Blinde lebten, war Blindheit ein schwerer Schicksalsschlag. Wer nicht sehen konnte, war wie tot, verbannt in das Reich der Schatten. Die Propheten verhießen, dass eines der ersten Zeichen des Messias sein würde, die Blinden zu heilen.

Blindheit kann man aber auch anders erleben. Sie kann sogar eine Erleichterung sein, weil man sich um bestimmte Dinge nicht mehr zu kümmern, sich darüber keine

Gedanken mehr zu machen braucht: Der argentinische Dichter Jorge Luis Borges hat in einem Altersgedicht seine zunehmende Blindheit als etwas beschrieben, in das er einstimmen kann und das ihm hilft sich zu konzentrieren.

„Lob des Schattens” heißt es auf deutsch, und ich möchte einige Verse daraus vorlesen:

Lob des Schattens[20]

„… In meinem Leben waren immer zu viele Dinge;
Demokritos von Abdera riss sich die Augen aus, um zu denken;
die Zeit war mein Demokritos.
Dieses Halbdunkel ist gemächlich und tut nicht weh;
es fließt einen sanften Abhang hinab
und gleicht der Ewigkeit.
Meine Freunde habe keine Gesichter,
die Frauen sind so, wie sie vor Jahren waren,
die Ecken sind vielleicht andere,
auf den Seiten der Bücher sind keine Buchstaben mehr vorhanden.
All dies sollte mich erschrecken,
doch ist es eher eine Süße, eine Rückkehr.
…
Jetzt kann ich vergessen. Ich nähere mich meiner Mitte,
meiner Algebra und meinem Schlüssel,
meinem Spiegel.
Bald werde ich wissen, wer ich bin.“

[20] Zitiert nach Jorge Luis Borges, Deutsche Werkausgabe in Taschenbüchern bei S. Fischer, Bd. 12, Schatten und Tiger (Gedichte 1966-1972)

Borges stimmt nicht nur in sein Erblinden ein, sondern deutet es sogar positiv, weil es ihm hilft, sich auf das Denken und die Erinnerungen zu konzentrieren und zu seinem inneren Zentrum zu finden. Am überraschendsten erscheint mir, dass er die Blindheit als etwas Süßes bezeichnen kann, als etwas, das auf der Zunge zergeht und einen angenehmen Geschmack hinterlässt. Unsere Vorstellungen und Konzepte von Blindheit verwirft Borges und konfrontiert uns mit vollständig anderen Gefühlen. Die Sehenden sind nicht mehr die Glücklichen, die zu beneiden sind, und die Blinden sind nicht mehr die Armen, die wir bedauern müssen. Allerdings spricht hier jemand, der erst im Alter erblindet und der leichter als ein Jüngerer sagen kann: Ich habe schon alles gesehen, jetzt lebt es in meiner Erinnerung weiter.

Dann ist da noch jener Mann, der durch einen Unfall 50 Jahre lang blind gewesen war und den eine Augenoperation nach mehr als einem halben Menschenleben heilen konnte. Er erkannte sein eigenes Gesicht im Spiegel nicht wieder und fragte sich überrascht: Was, dieser alte Mann soll ich sein? Er sah zum ersten Mal seine Kinder und Enkel, erkannte seine Frau kaum wieder, die er noch so in Erinnerung hatte wie damals, als sie sich kennengelernt hatten. Als seine Nachbarn ihn fragten, wer von ihnen wer sei, hatte er Schwierigkeiten, es herauszufinden. Aber dann schloss er die Augen und konzentrierte sich auf ihre Stimmen und wusste ohne Fehler zu sagen, wen er vor sich hatte.

Wir können uns das, was der Blinde aus der biblischen Geschichte erlebte, so ähnlich vorstellen wie das, was diesem Mann widerfuhr. Wieder sehen zu können, war für ihn überraschend und ungewohnt, eröffnete neue Möglichkeiten und war gleichzeitig verwirrend und irritierend. Was in den Jahren der Blindheit selbstverständlich gewesen war, wurde in Frage gestellt, und er musste vieles neu lernen. Die Beziehungen zu den Menschen, mit denen er zu tun hatte, veränderten sich. Hatte er sich das gewünscht? Einiges deutet darauf hin, dass er selbst nicht aktiv dazu beigetragen hat, dass er gesund wurde und dass es für ihn eine Erschütterung gewesen sein muss, sehen zu können. Jesus hat ihm durch den verzögerten Prozess der Heilung die Möglichkeit gegeben, sich langsam daran zu gewöhnen. Aber die Neuorientierung überlässt er dem Geheilten, den ein vollständig anderes Leben erwartet.

Wir sind -im wörtlichen Sinne- nicht blind. Aber uns fehlt oft auf einer anderen Ebene die Fähigkeit, zu sehen oder zu erkennen. Es mangelt uns daran, uns selbst, die anderen und Gott wirklich zu sehen. Häufig sind wir blind für die Menschen neben uns: Wir nehmen nicht wahr, was sie beschäftigt, was sie zum Weinen oder zum Lachen bringt oder was sie brauchen. Wir gehen gleichgültig aneinander vorbei, ohne die Schönheit und das Leid des anderen wahrzunehmen. Aber auch uns selbst gegenüber sind wir manchmal wie mit Blindheit geschlagen. Wenn wir uns auf die Sorgen fixieren, die uns umtreiben, auf das Viele, was täglich erledigt werden muss, verlieren wir das aus dem Blick, was uns Freude macht und das Leben erst lebenswert werden lässt: der Himmel am Abend, Ruhe, ein gutes Gespräch, das Rauschen der Wellen, ein Buch, ein Kind, das strahlend auf uns zuläuft und vieles mehr.

So wie der Mann in der Geschichte, die der Evangelist Markus überliefert, sind wir auch oft blind oder zumindest halbblind, so dass wir nur schemenhaft erkennen, was uns umgibt. Vielleicht gibt es in unserem Leben ein Ereignis, das uns auf einmal die Augen öffnet, so dass wir plötzlich alles in einem neuen Licht sehen. Öfter erleben wir auch kleine Lichtblicke: Da verstehen wir plötzlich, was eigentlich gemeint ist. Oder jemand sagt uns ein Wort, das uns weiterhilft. Solche Durchblicke helfen uns zu wachsen und weiser zu werden.

Ich wünsche Ihnen und uns solche Augenblicke, in denen wir erkennen, welchen Sinn unser Leben hat. Augenblicke, in denen wir spüren, dass Gott uns in seiner Hand hält.
Amen.

Transparent – Die Hochzeit zu Kana[21]

Liebe Schwestern und Brüder!

Die Geschichte, die uns heute zum gemeinsamen Nachdenken aufgetragen ist, steht im Zweiten Kapitel des Johannesevangeliums. Nach der Vorrede über das Wort, das menschliche Gestalt annimmt, nach der Taufe Jesu und der Werbung der ersten Jünger wird berichtet, wie Jesus auf einer Hochzeit das erste Wunder bewirkt:

„Und am dritten Tage war eine Hochzeit in Kana in Galiläa, und die Mutter Jesu war da. Jesus aber und seine Jünger waren auch zur Hochzeit geladen.
Und als der Wein ausging, spricht die Mutter Jesu zu ihm: Sie haben keinen Wein mehr. Jesus spricht zu ihr: Was geht's dich an, Frau, was ich tue? Meine Stunde ist noch nicht gekommen. Seine Mutter spricht zu den Dienern: Was er euch sagt, das tut. Es standen aber dort sechs steinerne Wasserkrüge für die Reinigung nach jüdischer Sitte, und in jeden gingen zwei oder drei Maße.
Jesus spricht zu ihnen: Füllt die Wasserkrüge mit Wasser! Und sie füllten sie bis obenan. Und er spricht zu ihnen: Schöpft nun und bringt's dem Speisemeister! Und sie brachten's ihm. Als aber der Speisemeister den Wein kostete, der Wasser gewesen war, und nicht wusste, woher er kam - die Diener aber wussten's, die das Wasser geschöpft hatten -, ruft der Speisemeister den Bräutigam und spricht zu ihm: Jedermann gibt zuerst den guten Wein und, wenn sie betrunken werden, den geringeren; du aber hast den guten Wein bis jetzt zurückbehalten. Das ist das erste Zeichen, das Jesus tat, geschehen in Kana in Galiläa, und er offenbarte seine Herrlichkeit. Und seine Jünger glaubten an ihn.“

Was mir dabei auffällt, ist die Beziehung zwischen Mutter und Sohn, zwischen Maria und Jesus. Sie geraten in einen Konflikt, bei dem sich Jesus von seiner Mutter abgrenzt und ihr deutlich macht, dass sie zu weit gegangen ist: „Frau, was habe ich mit dir zu schaffen?“ Er verwahrt sich dagegen, von ihr unter Druck gesetzt zu werden und glaubt zu wissen, dass es noch zu früh sei, um zu zeigen, dass er mehr ist als der Sohn Josefs und Marias aus Nazareth. Das wirkt wie ein typischer Streit

---

[21] Predigt über Johannes 2,1-11 am 2. Sonntag nach Epiphanias 2006 in Mexiko, Predigtreihe I.

zwischen Mutter und Sohn: Dass die Mutter sich einmischt in das Leben des Sohnes und scheinbar besser weiß als er selbst, was zu tun ist, und dass der Sohn sich das verbittet und sie hart anfährt, um ihr deutlich zu machen, dass sie eine Grenze überschritten hat.

Wenn wir genauer hinschauen, wird aber deutlich, dass diese Interpretation zu kurz greift. Jesus spricht Maria gerade nicht als Mutter an, sondern als „Frau". Im Deutschen klingt das verletzend, im griechischen Urtext hat es einen anderen Unterton und ist ein Ausdruck von Zuneigung und Anerkennung. Mit „Frau, was weinst du? Wen suchst du?" wendet der auferstandene Jesus sich an Maria Magdalena, als sie am Ostermorgen weinend vor dem leeren Grab steht. Während des Wortwechsels bei der Hochzeit von Kana ist „Frau, was habe ich mit dir zu schaffen?" ein Zeichen dafür, dass Jesus trotzdem anerkennt, dass ihn mit Maria etwas verbindet, etwas, das noch wichtiger ist, als ihr leiblicher Sohn zu sein.

Was kann das sein? Maria spielt im ersten Teil der Erzählung die zentrale Rolle und ergreift die Initiative. Sie ist diejenige, die entdeckt, dass der Hochzeitsgesellschaft der Wein ausgeht und die Jesus darauf aufmerksam macht. Sie ist auch nach seiner Zurückweisung davon überzeugt, dass er etwas dagegen unternehmen kann und unternehmen wird, sonst würde sie wohl kaum zu den Dienern sagen: „Was er euch sagt, das tut." Maria glaubt, dass Jesus Dinge tun kann, die Menschenmögliches übersteigen und dass er die Macht hat, Menschen aus einer Notlage zu befreien. Damit ist sie die erste Jüngerin Jesu, die ahnt, dass er eine besondere Beziehung zu Gott hat und daraus seine Kraft schöpft - ohne dass Jesus das bisher gezeigt hat. Maria weiß es aus sich heraus oder weil Gott es sie hat sehen lassen. Sie sieht Jesus schon nicht mehr als ihren Sohn, sondern als den Gesandten Gottes.

Obwohl Jesus Marias Ansinnen zunächst von sich weist, handelt er dann doch in ihrem Sinne, indem er die Wasserkrüge füllen lässt und bewirkt, dass nach dem Schöpfen plötzlich statt Wasser Wein im Becher ist und zwar ein besonders guter.

Gerade noch hatte er zu Maria gesagt: „Meine Stunde ist noch nicht gekommen“, da hat er seine Meinung geändert und sorgt doch dafür, dass ein Wunder geschieht. Es wirkt so, als habe er diesen Anstoß durch jemand anderen gebraucht, um der Kraft zu trauen, die in ihm wohnt. Vielleicht hatte er sich selbst noch nicht auf sie verlassen können, vielleicht befürchtete er zu versagen. Nun hilft ihm der Glaube Marias und befreit ihn von seinen Zweifeln, so dass er zum ersten Mal als der Messias handelt, auf den alle schon lange gewartet haben.

„Er offenbarte seine Herrlichkeit“, heißt es am Schluss der Erzählung, „und seine Jünger glaubten an ihn.“ Durch den Rabbi, den Lehrer Jesus, den sie nun schon einige Zeit kennen, scheint plötzlich jemand anderes hindurch, jemand, der Vollmacht hat von Gott. Er ist nicht mehr nur ein Mensch, sondern jemand, der Göttlichkeit ausstrahlt. So führt dieses erste Zeichen, das Jesus in Kana tut, für die Jünger zu der Entdeckung: Er ist der Sohn Gottes.

„Jesus rettet eine Hochzeit“ könnte man als Titel über diese Geschichte setzen. Vielleicht wundern sich einige von Ihnen darüber, wie profan das erste Wunder ist, das Jesus tut. Sie wären damit in guter Gesellschaft vieler Theologen, die meinen, er hätte doch lieber einen Blinden heilen, einem Epileptiker die Dämonen austreiben oder einen Toten auferwecken sollen, um deutlich zu machen, welche Macht er hat. Dass er einfach nur dafür sorgt, dass die Hochzeit nicht in einem Fiasko endet, weil die Gesellschaft sich ohne Wein vor der Zeit auflösen müsste; dass die Brautleute nicht ein für alle Mal blamiert dastehen; dass die Gäste weitertrinken können, scheint vielen eines Messias‘ nicht würdig zu sein.

Aber nehmen wir die Erzählung wie eine Münze in die Hand und drehen sie auf die andere Seite, dann zeigt sich ein neues Bild: Gerade auf der Hochzeit in Kana wird deutlich, dass Gott den Menschen nahe ist und dass es nicht unter seiner Würde ist, sich bei einem Fest zu offenbaren, das sich um die Liebe und das Versprechen zweier Menschen rankt. Jesus ist solidarisch mit den Feiernden, er ist einer von ihnen und möchte verhindern, dass ihre Freude verdorben wird. Das Feiern mit Essen, Trinken und Tanzen wird nicht als „zu weltlich“ abgewertet, sondern das Lachen und das Glück, die dort zu spüren sind, werden zu einem Vorgeschmack auf das Reich Gottes.

In der jüdischen wie in der christlichen Tradition spielt die Hochzeit als Inbegriff des Glücks zweier Menschen und als Fest, zu dem alle eingeladen sind, eine wichtige Rolle. Die Hochzeit wird zu einem Bild für die Vertrautheit zwischen Gott und seinen Menschen und für das Festmahl in seinem Reich am Ende der Zeit. Auch die Liebeslieder im Hohelied Salomos sprechen so von der Liebe zwischen Frau und Mann, dass sie durchscheinend wird für die Liebe zwischen Gott und uns: „Er küsse mich mit dem Kusse seines Mundes, denn deine Liebe ist lieblicher als Wein.“ (1,1) „Ich schlief, aber mein Herz war wach. Da ist die Stimme meines Freundes, der anklopft: Tu mir auf, liebe Freundin, meine Schwester, meine Taube, meine Reine.“ (5,2) „Lege mich wie ein Siegel auf dein Herz, wie ein Siegel auf deinen Arm. Denn Liebe ist stark wie der Tod und Leidenschaft unwiderstehlich wie das Totenreich. Ihre Glut ist feurig und eine Flamme des Herrn.“ (8,6)

Wir haben in der Meditation der Hochzeit zu Kana entdeckt, dass die zuerst sichtbare Schicht durchscheinend wurde für eine dahinterliegende, die nicht gleich ins Auge sprang: Jesus, der Sohn Marias aus Nazareth, offenbart sich als Sohn Gottes, der Wunder tun kann, die (fast) keiner von ihm erwartet hat. Und die scheinbar profane Hochzeit, die hier gefeiert wird, bekommt eine tiefere Bedeutung als Gleichnis der Liebe zwischen Gott und uns Menschen. Genau darum kreist die Epiphaniaszeit, in der wir uns jetzt befinden, dass die Oberfläche transparent wird und dahinter etwas anderes erscheint, das wir nicht vermutet hätten.

Können wir das auch in unserem Alltag erfahren? Kann er durchsichtig werden für Gottes Glanz? Ich weiß nicht, welche Erfahrungen Sie gemacht haben, aber ich glaube fest, dass uns das immer wieder geschehen kann. Es gibt Augenblicke, in denen alles stimmt, alle Melodien miteinander in Harmonie klingen und wir dankbar für einen Moment das Gefühl von Vollkommenheit haben. Das kann geschehen bei einem Fest, beim Zusammensein mit Menschen, die uns lieb und nah sind, wenn wir in einem Konzert sind. Oder auch im Zusammenleben mit Kindern, durch die manchmal leichter als durch uns Erwachsene Gottes Licht spürbar wird: Wenn ein Kind uns beschenkt mit seinem unbegrenzten Vertrauen, wenn wir durch seine Augen die Welt neu entdecken lernen oder wenn es uns zeigt, dass es uns liebt.

Das alltägliche Wasser unseres Lebens kann sich jederzeit in Wein verwandeln, kann eine neue, bessere Qualität annehmen. Lasst uns die Augen dafür offen halten und empfänglich sein für das, was der Liebhaber des Lebens uns zeigen will.

Dabei helfe uns Gott.
Amen.

Neu anfangen – Jesus und Nikodemus[22]

Liebe Schwestern und liebe Brüder!

Neu anfangen. Noch einmal von vorne beginnen zu können und alle Möglichkeiten vor sich zu haben – das wäre eine tolle Chance! Das hieße, nicht mehr bestimmt zu sein durch die richtigen und auch die falschen Entscheidungen, die ich einmal getroffen habe, sondern alles anders machen zu können.

Heute hören wir im Johannesevangelium von einem Mann, den solche Gedanken umtreiben, von Nikodemus.

„Es war aber ein Mensch unter den Pharisäern mit Namen Nikodemus, einer von den Oberen der Juden. Der kam zu Jesus bei Nacht und sprach zu ihm: Meister, wir wissen, du bist ein Lehrer, von Gott gekommen; denn niemand kann die Zeichen tun, die du tust, es sei denn Gott mit ihm. Jesus antwortete und sprach zu ihm: Wahrlich, wahrlich, ich sage dir: Es sei denn, dass jemand von neuem geboren werde, so kann er das Reich Gottes nicht sehen.
Nikodemus spricht zu ihm: Wie kann ein Mensch geboren werden, wenn er alt ist? Kann er denn wieder in seiner Mutter Leib gehen und geboren werden? Jesus antwortete: Wahrlich, wahrlich, ich sage dir: Es sei denn, dass jemand geboren werde aus Wasser und Geist, so kann er nicht in das Reich Gottes kommen. Was vom Fleisch geboren ist, das ist Fleisch; und was vom Geist geboren ist, das ist Geist. Wundere dich nicht, dass ich dir gesagt habe: Ihr müsst von neuem geboren werden. Der Wind bläst, wo er will, und du hörst sein Sausen wohl; aber du weißt nicht, woher er kommt und wohin er fährt. So ist es bei jedem, der aus dem Geist geboren ist."

Nikodemus kommt eines Nachts zu Jesus und sucht das Gespräch mit ihm. Er hat das Gefühl, bei ihm an der richtigen Stelle zu sein mit den beunruhigenden Gedanken, die ihn seit einiger Zeit nicht loslassen. Nikodemus ist von Jesus beeindruckt: Er hat im Tempel die Tische der Wechsler umgestoßen und erklärt, er wolle dieses Heiligtum abreißen und in drei Tagen wieder aufbauen. Wer ist dieser Mann, möchte

[22] Predigt über Johannes 3,1-8 zu Trinitatis 2009 in Lübeck, Predigtreihe I

Nikodemus wissen. Er ahnt, dass er bei Jesus etwas finden kann, was ihm selbst fehlt.

Zwar ist er angesehen und gut etabliert, ein politischer Entscheidungsträger, der von vielen beneidet wird. Aber das befriedigt ihn nicht: Er sucht etwas Neues. Er möchte ernst machen mit dem Glauben, den er einfach von seinen Vorfahren übernommen hat. Nikodemus sucht etwas, was ihn ganz fordert, was ihm Herz und Sinn erfüllt. Er sehnt sich nach einem Glauben, der ihn unmittelbar angeht, der ihn berührt und verändert. Deshalb kommt er in der Nacht zu Jesus.

Er nähert sich Jesus voller Respekt, indem er ihn anspricht mit den Worten: „Meister, wir wissen, du bist ein Lehrer, von Gott gekommen; denn niemand kann die Zeichen tun, die du tust, es sei denn Gott mit ihm.“ Jesus erwidert schroff und unverständlich: „Wenn jemand nicht von neuem geboren wird, so kann er das Reich Gottes nicht sehen.“ Ich habe den Eindruck, dass Jesus auf Nikodemus gar nicht eingeht. Er lässt ihn einfach auflaufen, so dass er dasteht als einer, der nichts begreift. Nikodemus, der doch voll guten Willens mit einem echten Anliegen gekommen ist, ist irritiert: „Wie kann jemand von neuem geboren werden?“, fragt er Jesus, er kann doch nicht noch einmal in den Leib seiner Mutter zurückkehren.“ Nikodemus antwortet so, wie jeder an seiner Stelle erwidern würde, wenn er seinen gesunden Menschenverstand einsetzt. Aber Jesus lässt sich nicht beirren und variiert seine rätselhaften Worte nur noch einmal: „Wenn jemand nicht von neuem geboren wird aus Wasser und Geist, so kann er nicht in das Reich Gottes kommen.“

Wenn ich dieses Gespräch, in dem zwei aneinander vorbeireden, lese, frage ich mich, warum Jesus nicht entgegenkommender ist. Da kommt einer mit einem wirklichen Anliegen und möchte etwas über ihn erfahren, und er zeigt ihm die kalte Schulter. Seelsorgerlich ist das nicht! – Ich glaube, Jesus will Nikodemus durch seine Schroffheit klar machen, dass er sich entscheiden muss. Entweder etwas ganz Neues - oder gar nichts. Will er sich auf Jesus einlassen, will er wirklich das Neue, das er bringt, hören und für sich übernehmen – oder will er das nicht? Es reicht nicht, seinen alten Glauben durch ein bisschen Jesusbegeisterung aufzufrischen und zu beleben. Es geht darum, alles Bisherige auf den Kopf zu stellen und zu glauben, dass Jesus Gottes Sohn ist. Wird Nikodemus diesen Sprung wagen?

Jesus macht deutlich, dass es um eine neue Geburt aus Wasser und Geist geht. Wir denken dabei sofort an die Taufe, die mit Wasser geschieht und wo der Geist Gottes weht. Jesus ist selbst getauft und dabei mit dem Geist erfüllt worden. In der Taufe werden wir auch untrennbar mit Gott verbunden und leben fortan in seinem Licht.

Aber sind wir durch die Taufe auch neu geboren, wie Jesus das im Gespräch mit Nikodemus sagt? Ich glaube, das geschieht nicht automatisch, sondern es müssen zwei Dinge zusammen kommen: Gottes Handeln an uns und unsere Bereitschaft, uns darauf einzulassen. Diese Bereitschaft hat natürlich ein kleines Taufkind noch nicht, sondern erst ein Erwachsener, der die Bedeutung des christlichen Glaubens ermessen kann.

Vielleicht sind wir nicht so ganz anders als Nikodemus: Die meisten Christinnen und Christen glauben an Gott, ohne dass das für ihr Leben eine zentrale Bedeutung hat. Der Glaube ist etwas, was irgendwie dazugehört, was man auch gerne an seine Kinder weitergibt, indem man sie taufen lässt, aber er verändert das eigene Leben nicht. Wer neu geboren werden will, muss darüber hinaus gehen und einen Sprung wagen. Er oder sie lässt sich ganz auf Gott ein und vertraut darauf, dass er uns recht führt und es wohlmachen wird. Um uns ganz auf Gott einzulassen, brauchen wir nicht ins Kloster zu gehen, aber wir sollen Gott einen zentralen Platz in unserem Leben geben. Das bedeutet, im Gespräch mit Gott zu sein und zu beten, allein und mit anderen. Das bedeutete auch, die Welt so zu sehen, wie Gott sie gemeint hat und sich dafür einzusetzen, dass Dinge sich verändern.

Das kann so aussehen, dass ich mich in meinem Umkreis dafür einsetze, dass Menschen einander respektvoll begegnen: am Arbeitsplatz, in der Schule, in der

Nachbarschaft und der Familie. Und dass ich nicht einfach mitmache, wenn über jemand anderen hergezogen oder Falsches behauptet wird, sondern die Würde des anderen achte. Mich für Gottes Reich einzusetzen bedeutet auch, Farbe zu bekennen und für meine Überzeugung einzustehen, wenn Menschen wegen ihrer Hautfarbe oder Religion herabgesetzt werden. Oder es zeigt sich darin, dass ich ernst mache mit der Bewahrung der Schöpfung und mich aufs Fahrrad, in den Bus oder die Bahn setze anstatt mit dem Auto zu fahren. Dabei ist es gut zu wissen, dass andere Christen die gleiche Überzeugung haben, und es ist gut sich in der Gemeinde gegenseitig zu bestärken.

Es ist unsere Sache, uns wirklich auf Gott einzulassen. Und was tut Gott? Jesus sagt im Gespräch mit dem Pharisäer Nikodemus: „Der Geist weht, wo er will, und du hörst sein Sausen wohl; aber du weißt nicht, woher er kommt und wohin er fährt.“ Gottes Geist können wir also nicht herbeizwingen. Gott erfüllt nicht eins zu eins das, was wir von ihm erwarten, sondern bleibt frei. Damit wir neu werden können, sind wir auf Gottes Geist angewiesen, der uns Fähigkeiten zuwachsen lässt, die wir uns nicht zugetraut hätten. Wir können auf diesen Geist warten und beten: „Komm, Heil‘ger Geist, mit deiner Kraft, die uns verändert und Leben schafft.“

Wie geht es weiter mit Nikodemus, der sich nach einem neuen Glauben sehnt, der ihn ganz erfüllt? Wagt er den Sprung ins Ungewisse und lässt sich ganz auf Jesus ein? Oder überwiegt seine Angst davor, sein bequemes und etabliertes Leben aufzugeben? Sein nächtliches Gespräch mit Jesus, das der Evangelist Johannes uns überliefert, hat ein offenes Ende. Nikodemus verstummt, wie erschlagen von Jesu Worten, die er nicht versteht. Aber sie lassen ihn nicht los. Er nimmt sie mit als ein Rätsel, und ich stelle mir vor, dass er sie immer wieder um und um wendete, um ihnen einen neuen Sinn zu entlocken.

Im Neuen Testament taucht Nikodemus noch zweimal auf: Wir begegnen ihm in den Beratungen der Hohepriester und Pharisäer, die Jesus verhaften lassen wollen. Da setzt er sich dafür ein, Jesus zu verhören, wie das Gesetz es vorschreibt, anstatt ihn einfach gefangen zu setzen. Daraufhin verdächtigen die anderen ihn sofort, ein Sympathisant Jesu zu sein. Danach wird erwähnt, dass er nach Jesu Tod Myrrhe und Aloe bringt, um zusammen mit Josef von Arimathäa den Leichnam einzusalben. Anschließend bestatten sie ihn gemeinsam. Beides spricht dafür, dass Nikodemus von Jesus nicht losgekommen ist. Dieser Mann, dieser Lehrer, wie er ihn nennt, fasziniert ihn und zieht ihn an. Wir wissen nicht, ob er schließlich geglaubt hat, dass Jesus Gottes Sohn ist, aber möglich ist es, dass er sich ganz den Anhängern Jesu anschloss.

Und wir? Wir wissen nicht im Voraus, wie und wo Gottes Geist wehen wird im Leben jedes Einzelnen von uns und im Leben unserer St. Philippus-Gemeinde. Aber wenn wir ihn spüren, dürfen wir uns von ihm ergreifen lassen und etwas Neues wagen.

Amen.

Gott wohnt, wo man ihn einlässt – Jesus und die Frau am Brunnen[23]

Liebe Schwestern und liebe Brüder!

„Wo wohnt Gott?", fragte ein weiser Rabbi seine Besucher. Es waren gelehrte Männer, die bei ihm zu Gast waren. Sie lachten über ihn: „Wie redest du! Die Welt ist doch voll von seiner Herrlichkeit! Man findet Gott überall." Der Rabbi aber beantwortete seine eigene Frage: „Gott wohnt, wo man ihn einlässt."

„Gott wohnt, wo man ihn einlässt." Mir scheint, das ist die Essenz dessen, was Jesus der samaritanischen Frau am Brunnen sagt. Er sagt es mit etwas anderen Worten, aber im Grunde ist dasselbe gemeint, was der polnische Rabbi viele Jahrhunderte später formuliert: „Gott wohnt, wo man ihn einlässt."

Wir erleben Jesus in der Begegnung mit der Frau am Brunnen als jemanden, der ein anspruchsvolles theologisches Gespräch mit einer Frau führt – ungewöhnlich für damalige Verhältnisse. Und damit nicht genug: Sie gehört zu den Samaritern, einem Volk, das sich von den Juden abgespalten hat und zwar die fünf Bücher Mose, aber nicht den Rest der Bibel anerkennt. Sie beten Gott auf einem Berg in ihrer Gegend an, auf dem Garizim, anstatt im Tempel von Jerusalem. Aus Sicht eines frommen Juden ist sie eine Andersgläubige, sogar eine Ketzerin, um die man lieber einen großen Bogen macht. Und trotzdem lässt Jesus, der gläubige Jude, sich auf ein Gespräch mit ihr ein. Hören wir jetzt einen Ausschnitt aus diesem Gespräch:

„Die Frau spricht zu ihm: Herr, ich sehe, dass du ein Prophet bist. Unsere Väter haben auf diesem Berge angebetet, und ihr sagt, in Jerusalem sei die Stätte, wo man anbeten soll. Jesus spricht zu ihr: Glaube mir, Frau, es kommt die Zeit, dass ihr weder auf diesem Berge noch in Jerusalem den Vater anbeten werdet. Ihr wisst nicht, was ihr anbetet; wir wissen aber, was wir anbeten; denn das Heil kommt von den Juden. Aber es kommt die Zeit und ist schon jetzt, in der die wahren Anbeter den

---

[23] Predigt über Johannes 4,19-26 am 10. Sonntag nach Trinitatis 2007 in Mexiko, Predigtreihe V.

Vater anbeten werden im Geist und in der Wahrheit; denn auch der Vater will solche Anbeter haben. Gott ist Geist, und die ihn anbeten, die müssen ihn im Geist und in der Wahrheit anbeten. Spricht die Frau zu ihm: Ich weiß, dass der Messias kommt, der da Christus heißt. Wenn dieser kommt, wird er uns alles verkündigen. Jesus spricht zu ihr: Ich bin's, der mit dir redet."

Ausgangspunkt ist die Frage, die die Frau aufwirft: „Wo wohnt Gott? Wo sollen wir ihn anbeten?" Jesus macht ihr deutlich, dass das unwichtig ist und es nicht um das Wo des Betens geht, sondern um das Wie. „Wir müssen Gott im Geist und in der Wahrheit anbeten", so lautet sein Spitzensatz, darum geht es ihm. Weil Gott Geist ist, sollen wir ihn im Geist anbeten. Darüber werden viele andere theologische Fragen bedeutungslos.

Als die Frau das hört, ahnt sie, wer Jesus sein könnte, und sie bringt die Rede auf den Christus, auf den alle warten. Jesus antwortet schlicht: „Ich bin´s." Dieses ist das einzige Mal in der ganzen Bibel, dass Jesus den Titel des Gesandten Gottes, des Messias für sich akzeptiert. Er tut das vor einer ausländischen Frau, nicht vor seinen Jüngern oder seinen Gegnern, sondern vor ihr! Offensichtlich hält er sie für eine kluge und fromme Frau, sonst hätte er ihr das nicht anvertraut.

Warum beschäftigen wir uns heute am Israelssonntag mit dieser Geschichte aus dem Johannesevangelium? Was hat sie mit unserem Thema Christen und Juden zu tun? Vielleicht ist Euch/Ihnen ein Satz aufgefallen, den Jesus im Verlauf des Gesprächs zu der Frau sagt: "Das Heil kommt von den Juden." Das provoziert und ist von ihm auch so provokativ gemeint. „Das Heil kommt von den Juden." – kommt es? Lange glaubte man, das könnte nicht sein. Hatten doch die Juden Jesus abgelehnt, verfolgt und ans Kreuz gebracht. Sie waren schuld an seinem Tod! Von Gott wurden sie dafür gestraft, sie waren von ihm verworfen und nicht mehr sein auserwähltes Volk. Wer eine Synagoge zerstörte, jüdische Gebetbücher verbrannte oder sogar Juden umbrachte, der handelte in Gottes Sinne, davon waren viele Christen bis hinein in die Neuzeit überzeugt. Wir wissen, welche grauenvolle Frucht dieser Glaube im dritten

Reich getragen hat, wie er mit zum Holocaust geführt hat.

Seit Auschwitz befragen wir unseren christlichen Glauben kritisch: Wie gehen wir mit den Juden um? Was sagt das Neue Testament, was sagt Jesus über sie? "Das Heil kommt von den Juden", hält er im Gespräch mit der Samaritanerin fest. Wenn wir das ernst nehmen, entdecken wir auf Schritt und Tritt, wie sehr Jesus im Judentum verwurzelt ist und dass er ohne seine jüdische Tradition nicht zu denken ist. Natürlich hat er alle jüdischen Gebote strikt beachtet wie jeder andere Jude auch. Natürlich war er in eifriger Diskussion mit seinen jüdischen Rabbinerkollegen, Freunden und Gegnern. Am meisten diskutierte er mit den Pharisäern, weil er ihnen besonders nahe stand, aber bestimmte Details anders auslegte als sie, zum Beispiel das Sabbatgebot. Und dass die Juden für seinen Tod verantwortlich waren, stimmt – eben weil sie die Menschen waren, mit denen er zusammenlebte. Ebenso waren auch seine Jünger und Jüngerinnen, seine Freunde und Anhänger Juden. Und er selbst, Jesus, blieb Jude von seiner Geburt bis zu seinem Tod. Die ersten Christen, die diesen Namen benutzten, hat es erst Jahre nach seinem Tod und seiner Auferstehung gegeben.

Was ist aber nun das Neue, das Besondere, das Jesus Christus uns bringt? Warum sind wir, die an ihn glauben, nicht alle Juden? Neu ist, das Jesus den jüdischen Glauben für Menschen aus anderen Völkern, für die sogenannten Heiden, also auch für uns öffnet. Bei den Juden muss jemand, wenn er an den einzigen Gott glauben und zu ihrer Gemeinschaft dazugehören will, Kind einer jüdischen Mutter sein. Wir Christen akzeptieren auch Menschen, die ursprünglich einen anderen Glauben hatten und haben es dadurch einfacher, Menschen von außen aufzunehmen.

Neu ist auch, dass Jesus Gott sehr vertrauensvoll seinen Vater nennt. Das aramäische „Abba" meint sogar eigentlich das zärtliche „Papa" oder „Papi", nicht das offiziellere „Vater". Gott so anzusprechen, war und ist für einen Juden etwas Besonderes, weil für ihn Gott der Ewige und Erhabene ist, den man ehrt. Die Beziehung, die Jesus zu Gott hatte und in die er uns mit hineinnehmen will, so dass wir abgrundtiefes

Vertrauen zu Gott haben können, ist für einen Juden ungewöhnlich.

Anders als die Juden glauben wir, dass Jesus der Christus ist, so wie er es der Frau am Brunnen offenbart. Dass er der Messias ist, auf den die Juden so lange gewartet haben und nach wie vor warten. Genau das trennt uns heute am Eindeutigsten, dass wir glauben, dass Gott sich in seinem Sohn Jesus gezeigt und angefangen hat, sein Reich auf der Erde aufzurichten, während die Juden weiterhin darauf warten, dass er seinen Gesalbten sendet. Sie sagen: Jesus kann nicht der Messias gewesen sein, denn sonst sähe unsere Welt ganz anders aus, dann gäbe es keine Ungerechtigkeit, kein Blutvergießen und keinen Unfrieden mehr. Wir glauben, dass Christus damit begonnen hat, die Welt durch sein Beispiel zu verändern und dass es unsere Aufgabe ist, in ihr für den Frieden zu arbeiten. Wir warten darauf, dass er dereinst wiederkommt, um sein Werk zu vollenden. Dann wird er alle Tränen abwischen, so dass der Tod nicht mehr sein wird und kein Leid und kein Geschrei mehr.

Wenn wir uns so wie heute am Israelssonntag mit dem Judentum beschäftigen, hilft uns das zu verstehen, woher wir kommen. Wir Christinnen und Christen fußen mit unserem Glauben auf dem jüdischen. Wer unsere jüdischen Wurzeln abschneiden oder leugnen wollte, würde unserem Glauben das Wasser abgraben. Paulus stellt das ganz klar, indem er im Römerbrief festhält: „Nicht du (Christ) trägst die Wurzel, sondern die Wurzel (das Judentum) trägt dich" (Röm.11,18). Trotzdem hat es immer wieder Versuche gegeben, das jüdische Erbe -und als Inbegriff dessen das Alte Testament- als Teil unserer Bibel abzuschaffen, vom dritten Jahrhundert bis zu den Deutschen Christen im Dritten Reich. Die Kirche hat aber stets von neuem bestätigt, dass sie auf dem Boden des Alten Testaments steht und das Neue Testament ohne dieses weder zu verstehen noch zu denken ist.

Der jüdische Glaube hat für uns nicht nur eine historische Bedeutung, sondern ist lebendig und produktiv und kann uns durch den Dialog bereichern. Ich habe daraus gelernt, Gott und seinen Namen zu ehren. Also auch, das zweite Gebot ernst zu nehmen und Gottes Namen nicht willkürlich zu gebrauchen. Gott ist größer, als wir uns das vorstellen können, und wir sollen das ernst nehmen. Und gleichzeitig ist Gott für Juden auch jemand, mit dem man reden und verhandeln kann. So tut Abraham es, als er Gott dazu bewegen will, Sodom nicht zu zerstören, wenn er fünfzig, nein dreißig oder doch wenigstens zehn Gerechte in ihr findet. Und Gott lässt sich darauf ein. So ist er beides: Der ganz andere, aber auch der Nahe, mit dem man reden kann wie mit einem Freund.

Wenn wir im Gespräch, auch in der Auseinandersetzung mit Juden sind, gibt es vieles, wo ein Bruder dem anderen den Blick weiten kann. Für mich ist entscheidend, dass wir beide, Christen und Juden, an denselben Gott glauben und auf dem Weg sind in sein Reich. Und dass wir Gott anbeten können im Geist und in der Wahrheit.
Wenn wir ihn so einlassen zu uns, dann wird er bei uns wohnen.
Amen.

Wunder-Brot – Die Speisung der 5.000[24]

Liebe Schwestern und liebe Brüder!

Die Geschichte, über die wir heute gemeinsam nachdenken wollen, kennen die meisten von Ihnen. Sie erzählt, wie Jesus 5.000 Menschen, die gekommen sind, um ihm zuzuhören und darüber die Zeit vergessen haben, zu essen gibt. Johannes schreibt im 6. Kapitel seines Evangeliums:

„Danach fuhr Jesus weg über das Galiläische Meer, das auch See von Tiberias heißt. Und es zog ihm viel Volk nach, weil sie die Zeichen sahen, die er an den Kranken tat. Jesus aber ging auf einen Berg und setzte sich dort mit seinen Jüngern. Es war aber kurz vor dem Passa, dem Fest der Juden.
Da hob Jesus seine Augen auf und sieht, dass viel Volk zu ihm kommt, und spricht zu Philippus: Wo kaufen wir Brot, damit diese zu essen haben? Das sagte er aber, um ihn zu prüfen; denn er wusste wohl, was er tun wollte. Philippus antwortete ihm: Für zweihundert Silbergroschen Brot ist nicht genug für sie, dass jeder ein wenig bekomme. Spricht zu ihm einer seiner Jünger, Andreas, der Bruder des Simon Petrus: Es ist ein Kind hier, das hat fünf Gerstenbrote und zwei Fische; aber was ist das für so viele? Jesus aber sprach: Lasst die Leute sich lagern. Es war aber viel Gras an dem Ort. Da lagerten sich etwa fünftausend Männer.
Jesus aber nahm die Brote, dankte und gab sie denen, die sich gelagert hatten; desgleichen auch von den Fischen, soviel sie wollten. Als sie aber satt waren, sprach er zu seinen Jüngern: Sammelt die übrigen Brocken, damit nichts umkommt. Da sammelten sie und füllten von den fünf Gerstenbroten zwölf Körbe mit Brocken, die denen übrigblieben, die gespeist worden waren.
Als nun die Menschen das Zeichen sahen, das Jesus tat, sprachen sie: Das ist wahrlich der Prophet, der in die Welt kommen soll. Als Jesus nun merkte, dass sie kommen würden und ihn ergreifen, um ihn zum König zu machen, entwich er wieder auf den Berg, er selbst allein.“

Einige Aspekte dieser Erzählung möchte ich jetzt näher beleuchten. Als erstes fällt auf, dass Jesus die elementaren Bedürfnisse der Menschen nicht gleichgültig sind, sondern dass er sie ernst nimmt und sie stillt. Er macht sich Gedanken darüber, wie man die Volksmenge sättigen kann und fragt seine Jünger nach ihren Vorschlägen.

---

[24] Predigt über Joh. 6,1-15 am 7. Sonntag nach Trinitatis 2008 in Mexiko, Predigtreihe I.

Jesus ist, anders als wir es uns manchmal vorstellen, kein ätherischer, vergeistigter Mensch, den mit dieser Welt wenig verbindet, sondern er steht mit beiden Beinen auf dem Boden. Jetzt geht es nicht um Worte, sondern ganz handfest darum, den Hunger dieser Männer, Frauen und Kinder zu stillen.

Von dem Wunder, das dann geschieht, erfahren wir nur indirekt dadurch, dass viel mehr Brot übrig bleibt als am Anfang vorhanden war. Viel wichtiger ist, dass Jesus die Vermehrung von Brot und Fisch bewirkt hat und dadurch allen deutlich wird, dass er eine ungeheure Macht hat, die von Gott herkommt. Bei diesem Essen erleben die Menschen, dass Gott mitten unter ihnen ist, dass er greifbar wird in dem Brot, das nicht zu Ende geht. Und sie möchten ihn, verständlicherweise, gerne festhalten, ihn immer bei sich haben, daher kommen sie zu Jesus, um ihn zum König zu machen, der täglich Wunder wie dieses tun soll. Jesus aber entzieht sich und flieht in die Einsamkeit.

Immer neigen Wunder dazu, missverstanden zu werden: Jesus will die Menschen auf Gott aufmerksam machen, aber sie sehen in ihm nur denjenigen, der sie täglich satt machen könnte. Jesus wird ihnen bald darauf erklären, dass das irdische Brot ihnen nur die Augen öffnen sollte für das Brot, das vom Himmel kommt. Das ist er selbst, indem er sein Leben für sie hingibt. Einige begreifen das, aber viele wenden sich auch verärgert von ihm ab. Wie alle Wunder ist auch dieses auf Auslegung angewiesen.

Uns fällt es heute schwer, an Wunder zu glauben, und als Kinder der Aufklärung erleben wir sie viel seltener als die Menschen früherer Jahrhunderte. Wir neigen dazu, alles rational zu erklären und haben uns das Staunen fast abgewöhnt. Am ehesten nehmen wir, etwas verschämt, das Wort „Wunder“ in den Mund, wenn jemand von einer schweren Krankheit wider besseres Wissen der Ärzte doch geheilt wird und keiner das so recht erklären kann. Oder wir sagen in einem scheinbar aussichtslosen Fall: „Jetzt kann ihm nur noch ein Wunder helfen.“ Wir glauben eigentlich nicht daran, dass Gott eingreift und die Naturgesetze aufhebt - und doch hoffen wir es in bestimmten Augenblicken trotzdem.

Aber es gibt, glaube ich, immer wieder Wunder im Leben eines jeden von uns: Jemand findet einen Menschen, den er liebt und der das erwidert, und beide beschließen, miteinander durchs Leben zu gehen. - Oder in einem Gespräch findet jemand ein richtiges Wort oder ein Bild, das bei der anderen einen Knoten löst, so dass sie sich selbst besser verstehen und ihr Leben neu gestalten kann. – Oder ein Mensch kann einstimmen in die Endlichkeit des Lebens und sich dem Tod anvertrauen, weil er das Gefühl hat, dass sich sein Lebenskreis vollendet hat. Das sind Erfahrungen, die das Gewohnte durchbrechen. Warum scheuen wir uns eigentlich, sie Wunder zu nennen und damit Gott ins Spiel zu bringen, der sie bewirkt hat?

Bei der Geschichte von der wunderbaren Sättigung liegt der Witz darin, dass je mehr man das, was da ist, teilt, es umso mehr wird. Am Schluss bleibt Brot in Hülle und Fülle übrig, wo am Anfang nur fünf bescheidene Brote da waren. Was soll das bedeuten? Lassen Sie uns einen Augenblick bei dem Kind verharren, das dem Jünger Andreas freigiebig das überlässt, was es an Lebensmitteln dabei hat. „Was sind fünf Gerstenbrote und zwei Fische für so viele?“, fragen sich nicht nur die Jünger. Aber der Junge hat mit dem wenigen begonnen, was er bei sich trägt, und hat für möglich gehalten, dass man damit etwas anfangen kann.

Das, was vorhanden ist, ernst zu nehmen, ist auch für uns eine gute Regel. Wir denken oft: Wenn ich so viel Geld hätte wie der (zum Beispiel Bill Gates), dann könnte ich aus meinem Leben wirklich etwas machen. Der Junge, der das Wenige, das er hat, in den Dienst des Ganzen stellt, lehrt uns, nicht zu klein von unseren Gaben zu denken. Schon mit wenig Geld und mit geringer Begabung können wir anfangen, etwas zu tun, und es wird mehr, wenn andere unserem Beispiel folgen und wir miteinander teilen.

Diese Erfahrung hat unsere Gemeinde häufig gemacht, wenn sie sich Projekte vorgenommen hat, die am Anfang zu groß und unerreichbar erschienen. Aber dann kamen sie durch den Mut und die Initiative einzelner doch ins Rollen. Ich denke da an den Bau unserer Kirche vor fünfzig Jahren oder an das Engagement für die Errichtung der Krankenstation in Cuaxuxpa. – Lasst uns einander immer wieder daran erinnern, dass jeder von uns Begabungen mitbringt, die anderen nützen können. Und noch eins: Wenn wir von Gottes Segen Gebrauch machen, so wie es die 5.000 getan haben, die das Brot und den Fisch immer weiter teilten, dann wird er mehr. Er nutzt sich nicht ab oder verbraucht sich, sondern wächst.

Mir fällt bei Jesus auf, dass er sich vor und nach dem Wunder auf einen Berg zurückzieht, um allein zu sein. Er will Ruhe vor der Menge haben, die immer neue Wunder sehen will. Zwischendurch aber ist er ganz da, nimmt sich der Menschen an und macht sie an Leib und Seele satt. Er wechselt zwischen dem Dasein für andere und dem Sich-Entziehen, was die Leute schwer ertragen und irritiert.

Ich glaube, was die Menschen mit Jesus erleben, ist typisch für das, was wir häufig in unserer Beziehung zu Gott erfahren: Er kommt uns nahe und ist dann wieder längere Zeit unerreichbar weit weg; wir erleben, dass er uns hört und erhört, und dann wieder sprechen wir nur in ein Schweigen hinein, in dem unsere Worte zu verhallen scheinen. Oft sind wir dann verwirrt oder hilflos, weil wir es nicht ertragen, dass Gott sich uns vorenthält. Wir möchten gerne jederzeit seine Nähe spüren, wenn wir ihn brauchen. Gott ist aber kein Talisman, den ich jederzeit aus der Tasche ziehen kann, sondern unverfügbar und mächtig. Er entscheidet selbst, wann er uns erhört und wann nicht. Schon Mose und andere Propheten des Ersten Bundes haben die Erfahrung gemacht, dass Gott sich ihnen zeigt, wann und wie er will, dass man aber sein Angesicht nicht schauen kann. - Das bedeutet nicht, dass Gott sich um uns Menschen nicht kümmern würde oder wir ihm gleichgültig sind. Auch Jesus ist ja, wenn er allein auf dem Berg sitzt, mit seinen Gedanken bei den Menschen, die nach ihm verlangen, obwohl sie das nicht wissen.

Wenn Jesus den Leuten Brot gibt, will er damit nicht nur ihren Hunger nach etwas Essbarem befriedigen, sondern auch ihrer Seele Speise geben. Das Gerstenbrot soll sie auf ihn, das Lebensbrot, hinweisen, das ihren Hunger für immer stillen will. Er gibt sich ihnen und uns in die Hand, damit wir ihn in uns aufnehmen und er für immer mit uns verbunden bleibt. „Ich bin das Brot des Lebens. Wer zu mir kommt, den wird nicht hungern und wer an mich glaubt, den wird nimmermehr dürsten", sagt er zu den Menschen, die ihn am Tag nach dem Speisungswunder aufsuchen. Damit verweist er schon auf das Abendmahl, das er kurz vor seinem Tod stiften wird und dass wir im Gottesdienst miteinander feiern.

Es ist ein besonderes Zeichen der Gemeinschaft mit Jesus Christus und untereinander, weil es das elementar Lebensnotwendige, das Brot, einbezieht und ihm einen neuen Sinn gibt. Es ist ganzheitlich und nimmt uns Menschen in unserer Leiblichkeit ernst. Und jedes Mal, wenn wir unser tägliches Brot essen, können wir uns an das Brot erinnern, das Jesus selbst uns schenkt.
Dann können wir beten:

Danket dem Herrn, denn er ist sehr freundlich,
seine Güt' und Wahrheit
währet ewiglich.[25]

Amen.

[25] Evangelisches Gesangbuch Nr. 336

Brot zum Leben[26]

Liebe Schwestern und liebe Brüder!

„Unser tägliches Brot gib uns heute" beten wir im Vaterunser. Dabei denken wir als erstes an das Brot, das wir essen und das für alle Nahrung steht, die wir brauchen. Die beiden biblischen Lesungen, die wir heute gehört haben, handeln davon, wie Gott diesen elementaren Hunger befriedigt: Den Israeliten in der Wüste schickt er Manna, das morgens wie Reif die Erde bedeckt, genug für jeden; und Jesus bewirkt, dass 5.000 Menschen von fünf Broten und zwei Fischen satt werden. - Wir leben aber nicht allein von Brot, sondern brauchen noch anderes, um glücklich zu sein. Um das, was außer Nahrung noch zum Leben notwendig ist, geht es in dem heutigen Predigtabschnitt. Er schließt sich an das Wunder der Brotvermehrung an und führt uns in ein Gespräch ein, das sich zwischen Jesus und den Menschen entwickelt, die dieses Wunder miterlebt haben. Sie fragen ihn danach, wer er ist und in wessen Auftrag er handelt:

„Da sprachen sie zu ihm: Was tust du für ein Zeichen, damit wir sehen und dir glauben? Was für ein Werk tust du? Unsre Väter haben in der Wüste das Manna gegessen, wie geschrieben steht (Psalm 78,24): »Er gab ihnen Brot vom Himmel zu essen.« Da sprach Jesus zu ihnen: Wahrlich, wahrlich, ich sage euch: Nicht Mose hat euch das Brot vom Himmel gegeben, sondern mein Vater gibt euch das wahre Brot vom Himmel. Denn Gottes Brot ist das, das vom Himmel kommt und gibt der Welt das Leben. Da sprachen sie zu ihm: Herr, gib uns allezeit solches Brot.
Jesus aber sprach zu ihnen: Ich bin das Brot des Lebens. Wer zu mir kommt, den wird nicht hungern; und wer an mich glaubt, den wird nimmermehr dürsten."

Was brauchen wir zu einem gelungenen Leben, was braucht Ihr dafür, möchte ich euch als erstes fragen. Wir machen an dieser Stelle eine kurze Pause, damit jede und jeder nachdenken kann, und hören dabei Klaviermusik. Was brauchst Du für ein gelungenes Leben?

[26] Predigt über Johannes 6,30-35 am 7.Sonntag nach Trinitatis 2005 in Mexiko, Predigtreihe III.

Mir fällt beim Meditieren ein: genug zu essen und zu trinken, ein Dach über dem Kopf und eine Arbeit, von der ich leben kann. Ich habe eine gewisse Sicherheit nötig, finanziell und auch als Schutz vor Kriminalität. Ich sehne mich nach Geborgenheit und Liebe, nach Menschen, mit denen ich verbunden bin, die für mich da sind und ich für sie. Ich brauche Heimat: einen Ort, eine Stadt oder ein Land, wo ich zuhause bin und weiß, dass ich dort selbstverständlich dazugehöre. Leichtigkeit, Spiel und Musik sind für mich nötig zum guten Leben. Und, als Rahmenbedingungen, Friede und Gerechtigkeit, so dass auch für meine Mitmenschen ein erfülltes Leben möglich ist. Wahrscheinlich ist Euch darüber hinaus noch anderes eingefallen, was Ihr jetzt in Gedanken ergänzt.

Jesus behauptet von sich selbst: „Das, was ihr zum Leben braucht, bin ich - das Lebensbrot. Wenn ihr mich habt, fehlt euch nichts mehr, denn ich stille euren Lebenshunger und Lebensdurst." Bei mir regt sich als erstes Protest. So leicht gebe ich mich mit dieser Antwort nicht zufrieden, lasse mich mit dieser eingängigen Formel „Ich bin das Brot des Lebens" nicht einfach abspeisen. Allein durch den Glauben an Jesus wird mein Leben nicht glücklich. Was meint Jesus, wie kann ich das heute für mich, für uns verstehen und mit Sinn füllen?

Unser Leben mit Gott steht von Anfang an unter der Zusage, dass er uns liebt, so wie wir sind. Das wird in der Taufe sichtbar, in der er uns zusagt: „Fürchte dich nicht, denn ich habe dich erlöst; ich habe dich bei deinem Namen gerufen, du bist mein" (Jes. 43,1). Das ist der Boden, auf dem wir stehen, der Halt, der uns trägt. Wir brauchen keinem etwas zu beweisen, auch uns selbst nicht, weil wir angenommen sind und Gott jede und jeden von uns als sein einzigartiges Kind liebt. Dieses Urvertrauen kann uns keiner nehmen. Die Taufe ist, symbolisch gesprochen, das erste Lebensbrot, das wir essen.

Durch sie werden wir eingebunden in die große Gemeinde Gottes auf der ganzen Welt. Beim Teilen von Brot und Wein im Abendmahl wird diese Gemeinschaft in besonderer Weise sichtbar. Jeder Christ kann fraglos und selbstverständlich auf die Gemeinschaft mit anderen Christen zurückgreifen und unter ihnen Gleichgesinnte finden, mit denen er in einer Beziehung steht. Sicherlich wird er sich dem einen näher, der anderen ferner fühlen, aber es gibt etwas Gemeinsames, das alle verbindet: Der Glaube an Jesus Christus. Wir sind, wenn wir an ihn, das Brot des Lebens glauben, nicht allein auf der Welt, sondern haben eine neue Familie. Allerdings gibt es auch hier, wie in allen Familien, Konflikte, und die Gemeinschaft ist nicht so ideal, wie wir es uns wünschen: Es gibt Spannungen zwischen den Konfessionen, die sogar das Abendmahl überschatten; wir erleben, dass es nicht immer leicht ist, dass Menschen aus verschiedenen Schichten einander akzeptieren; auch kulturelle und sprachliche Unterschiede machen uns zu schaffen. Und trotzdem sind wir in der „Gemeinschaft der Heiligen" aneinander gewiesen und aufgefordert, das Trennende zu überwinden.

Was im Abendmahl geschieht, geht über unser Verstehen hinaus, es ist ein Geheimnis des Glaubens und verbindet uns stärker miteinander, als uns das zunächst deutlich ist. Christus, das Lebensbrot, der sein Leben für uns hingegeben hat, macht uns zu einem Leib, in dem er auf Erden sichtbar und spürbar ist. Hier in unserer Gemeinde (und in vielen anderen) bildet sich das in dem Kreis ab, den wir um den Abendmahlstisch schließen. In besonderen Augenblicken oder Zeiten kann es Bedeutung bekommen, zu einer Gemeinschaft zu gehören, die größer ist als wir. Das mag passieren in Zeiten der Trauer, wo wir den stummen Trost der anderen empfinden, die uns mittragen, oft ohne es zu wissen. Ebenso an Tagen des großen Glücks, an den Höhepunkten des Lebens, können wir spüren, dass es gut tut, die Freude, die uns erfüllt, mit anderen zu teilen. Und in Zeiten, in denen wir es schwer haben und uns die Dunkelheiten des Lebens einholen, bietet sich vielleicht der eine oder die andere aus dieser Abendmahlsgemeinschaft an, um das Herz auszuschütten und Vergebung zu empfangen. – Die Beziehung, die unter uns durch das Abendmahl gestiftet wird, ist immer als ein Angebot da, und wir können auf sie zurückgreifen und sie intensivieren, wenn wir das brauchen.

Das Brot des Lebens stillt nicht nur den Hunger dieses Lebens, sondern macht uns auch in der Ewigkeit satt. „Wer von diesem Brot isst, der wird leben in Ewigkeit", verheißt Jesus (Johannes 6,51). Jesus Christus gibt Antwort auf unsere Angst vor der Vergänglichkeit und der eigenen Endlichkeit, auf diese Angst, die zu unserem Leben existentiell dazu gehört. Das, was er uns anbietet, ist stärker als der Tod und trägt über ihn hinaus. Können wir das glauben? Es ist nicht leicht, wir möchten uns nicht vorschnell vertrösten lassen. Gemeint ist: Die Beziehung zwischen Christus und uns ist so intensiv, dass ihr auch der Tod nichts anhaben kann, weil wir untrennbar miteinander verbunden sind. Diese Verbindung ist schon geprüft und durchglüht von Jesu eigenem Durchgang durch Leiden und Tod, durch die Hingabe seines Lebens für uns. Und sie ist bestätigt durch seine Auferstehung und die Begegnungen mit dem Auferstandenen durch die Zeiten hindurch, angefangen bei Maria Magdalena.

„Dass nichts da ist, was weggehen könnte für immer", so umschreibt eine Dichterin (Dorothee Sölle[27]) die Erfahrung der Auferstehung. Ich glaube, dass wir das beim Tod eines lieben Menschen erleben, dass wir ihn vor Augen haben, sein Lachen sehen, uns an seine Vorlieben erinnern und an seine merkwürdigen Angewohnheiten; dass es Zeiten und Orte gibt, die für immer mit ihm verbunden sind. Vieles von ihm, von ihr, bleibt und lebt in uns fort. Auch Gott vergisst unsere Verstorbenen nicht, sondern bewahrt das „Etwas", was sie ausgemacht hat, was sie unverwechselbar sein ließ. Das Leben eines jeden von uns bricht nicht einfach mit dem Tod ab, dafür ist es für Gott, der es geschaffen hat, zu kostbar. Er hat sich ja mit ihm in der Taufe verbunden und diesen Bund im Abendmahl immer wieder von neuem bestärkt und lässt dieses Leben auch jetzt nicht aus seiner Hand. Da ist nichts, das fortgehen könnte für immer.

Vieles, was wir brauchen, können wir in und durch Jesus Christus finden, der für uns Brot des Lebens sein will. Ich möchte jetzt zum Schluss noch einmal leicht verändert die Frage des Anfangs aufnehmen: Was ist ein erfülltes Leben? Es ist deutlich

---

[27] Zitiert nach D. Sölle, Ich will nicht auf tausend Messern gehen - Gedichte, 1986, S.87

geworden, dass das wahre Leben nicht nur aus Glück und Heiterkeit besteht, sondern Verletzungen, Scheitern und Brüche mit einbezieht. Auch Jesus ist es nicht anders gegangen. Wenn ich in meinem Leben einen Sinn entdecken will, ist es notwendig, die schweren Zeiten, das "Wandern im finsteren Tal" zu integrieren und auch sie aus Gottes Hand zu empfangen. Gott hilft uns, unser Leben anzunehmen, mit seinen Höhen und Tiefen, mit allem Glück und aller Trauer, mit den Wechseln, die es spannend und lebenswert machen. Er stärkt uns für unsere weitere Wanderschaft mit dem Brot des Lebens, das uns auch noch sättigen wird nach dem Ende unserer Tage auf Erden in seinem Reich.

„Das Brot des Lebens", sagt Jesus, „das bin ich. Wenn ihr zu mir kommt, werdet ihr nicht mehr hungern und wenn ihr an mich glaubt, wird euer Lebensdurst gestillt."
Amen.

Durst nach Leben[28]

Liebe Schwestern und liebe Brüder!

Zu Beginn der Predigt möchte Sie auf eine Wanderung mitnehmen:

Stellen Sie sich vor, wir steigen einen hohen Berg hinauf. Kurz vor dem Gipfel führt uns der Weg durch Steinlandschaften, vorbei an Abgründen. Manchmal verliert sich der Pfad, so dass man mühsam suchen muss, wo es weitergeht. Die Sonne brennt unbarmherzig auf uns herab, und die Wasservorräte sind schon lange aufgebraucht. Aber wir klettern weiter. Und dann, endlich, ist es geschafft: Wir haben den Gipfel erreicht, können uns hinsetzen und ausruhen!

Und ein anderer Wanderer, der schon länger dort oben steht und auf uns gewartet hat, reicht uns eine volle Wasserflasche: „Hier, trink, bestimmt hast du Durst." Selten hat Wasser so gut getan - eine Labsal. Jetzt haben wir auch Augen für den atemberaubenden Blick, der sich von hier oben bietet: Wir sehen nicht nur das Tal, durch das wir die ganze Zeit hochgestiegen sind, sondern auch die andere Seite, wo sich eine ganz neue Welt auftut und Berg sich an Berg reiht, viel kahler als auf unserer Seite, aber faszinierend auf seine Art. Unser Horizont ist weiter geworden. Nachdem wir noch eine Zeitlang das Panorama genossen haben, machen wir uns an den Abstieg.

Hören wir jetzt den Predigttext für diesen Sonntag Exaudi. Er steht im Johannesevangelium im siebten Kapitel:

„Aber am letzten Tag des Festes, der der höchste war, trat Jesus auf und rief: Wen da dürstet, der komme zu mir und trinke! Wer an mich glaubt, wie die Schrift sagt, von dessen Leib werden Ströme lebendigen Wassers fließen. Das sagte er aber von dem Geist, den die empfangen sollten, die an ihn glaubten; denn der

[28] Predigt über Johannes 7,37-39 am Sonntag Exaudi 2011 in Lübeck, Predigtreihe III.

Geist war noch nicht da; denn Jesus war noch nicht verherrlicht."

Jesus tritt hier mit dem Ruf eines Wasserverkäufers auf. So riefen die Wasserhändler damals in Israel: „Hört her, ihr Leute, bei mir gibt es etwas zu trinken. Ich kann euren Durst stillen." Jesus lädt alle Durstigen zu sich ein, weil er hat, was sie brauchen. Werden sie kommen? Werden sie merken, dass er ihnen Wasser des Lebens anzubieten hat?

Zuerst einmal müssen sie ihren Durst überhaupt spüren. Einigen wird erst jetzt, wo sie seinen Ruf hören, deutlich: „Ja, das hat mir gefehlt, das habe ich mir gewünscht. Erst jetzt, wo er es mir anbietet, wird mir mein Durst bewusst." Jede und jeder muss sich selbst auf den Weg machen, weil er Sehnsucht nach dem verspürt, was Jesus anbietet. Da nutzt es nichts, wenn einer versucht, den anderen mitzuziehen oder zu überreden. Die Entscheidung loszugehen trifft jeder selbst, sonst kommt er nie an.

Jesus kann meinen Durst, er kann unseren Durst nach einem erfüllten Leben stillen. Wie das? Er nimmt uns so an, wie wir sind. Wir brauchen nichts zu verstecken, wir brauchen nicht Theater zu spielen, wir dürfen wir selbst sein. Mit unseren Ecken und Kanten, mit unseren Ängsten und Verletzungen, mit unserer ganzen Lebensgeschichte. Aber auch mit unseren Gaben und Fähigkeiten, mit unserer Freude, mit unserem Witz und Verstand. Weil Jesus unser Innerstes kennt, brauchen wir nichts vor ihm zu verbergen. Er hört uns zu, wenn wir im Gebet mit ihm sprechen, wenn wir schreien und klagen oder vor ihm schweigen; wenn wir flüstern oder bei ihm weinen. Keine unserer Erfahrungen ist ihm fremd, er hat sie selbst durchlebt. Er ist hindurchgegangen durch die Tiefen des Todes und hat seine Macht gebrochen, so dass der Tod uns nichts mehr anhaben kann. Auferstehung ist möglich, hier, mitten im Alltag - und am Ende der Zeit.

Jesus stillt auch unseren Lebensdurst nach einem Begleiter. Er verspricht uns, immer an unserer Seite zu sein und uns nicht zu verlassen, komme, was wolle. Gott behütet uns und sorgt für uns. Jesus ersetzt nicht die Menschen, die uns durchs Leben begleiten: den Ehepartner, die Eltern, die Kinder und die Freunde, sondern geht mit ihnen zusammen unseren Lebensweg mit. Unbeirrbar hält Jesus zu uns, eindeutiger, als wir selbst zu uns stehen können. So können wir auch einmal das Steuer unseres Lebensschiffes aus der Hand geben und es ihm überlassen, denn er wird es wohl machen, besser als wir selbst.

Der Ruf des göttlichen Wasserverkäufers ist erklungen. Darauf folgt in unserem Bibeltext ein Versprechen: „Wer an mich glaubt, von dessen Leib werden Ströme lebendigen Wassers fließen." Der Glaubende kann selbst Teil dieses Stroms werden, Wasser austeilen und den Durst anderer stillen. Er wird hineingenommen in den Strom des Lebens. Dieses Versprechen wird durch Jesu Geist eingelöst, durch den Tröster, den er uns zu Pfingsten schicken wird. Der Geist gibt uns den Mut, von unserem Glauben zu erzählen. Dann werden wir hinausgehen können, um anderen davon zu erzählen, was Gott in unserem Leben bewirkt hat.

Einen Anteil dieses Geistes haben wir schon in unserer Taufe empfangen und sind mit ihm erfüllt worden. Wer getauft ist, ist „mit allen Wassern gewaschen". Dem kann nichts Böses mehr etwas anhaben, weil er schon auf die Seite Jesu Christi gehört. Der hat schon Karfreitag, den Tod aller Hoffnungen, hinter sich. Der hat Ostern, die Auferstehung des Körpers und der Seele, am eigenen Leibe erlebt. Der Geist, den er zu Beginn seines Lebens in sich aufgenommen hat, kann nicht mehr von ihm genommen werden. Die Taufe hat ihm ein für allemal das Siegel Jesu Christi aufgedrückt: Du gehörst zu mir, komme, was da wolle.

Und deshalb können wir, die wir getauft sind, schon das Lebenswasser weitergeben an die, die Durst haben und sich nach diesem Wasser sehnen. Wir selbst können zur Quelle werden, indem wir anderen davon erzählen, wie Jesus Christus in unserem Leben Wunder gewirkt und neue Anfänge möglich gemacht hat.

Es ist an jeder, an jedem von uns, diese Wunder im eigenen Leben wahrzunehmen, zu entdecken und in Worte oder Bilder zu fassen. Aber ich bin sicher: Wenn wir unsere eigene Lebensgeschichte durchgehen und durchbuchstabieren, können wir in ihr immer wieder die Handschrift Gottes entdecken.

Auf unseren krummen Lebens-Linien schreibt er gerade.

Er lässt aus unseren Unzulänglichkeiten etwas entstehen, was wir nicht zu hoffen gewagt hätten.

Dann können wir gemeinsam einstimmen in das Lied:

„Brunn alles Heils dich ehren wir
und öffnen unsern Mund vor dir,
aus deiner Gottheit Heiligtum
dein hoher Segen auf uns komm.

Gott, Vater, Sohn und Heilger Geist,
o Segensbrunn, der ewig fließt:
durchfließ Herz, Sinn und Wandel wohl,
mach uns deins Lobs und Segens voll!“[29]

Amen.

---

[29] Evangelisches Gesangbuch 140

Eine Chance – Jesus und die Ehebrecherin[30]

Liebe Schwestern und liebe Brüder!

Diesmal haben wir es mit einem aktuellen Thema zu tun! Da wird gerne behauptet, die Bibel sei nicht zeitgemäß und man könnte mit ihr nichts mehr anfangen. Aber heute geht es um Ehebruch! Das beschäftigt uns, die Medien sind voll mit Berichten darüber, Filme und Bücher haben ihn zum Thema, und wir erleben in unserem Familien- und Freundeskreis, dass Menschen Liebesbeziehungen neben ihrer Ehe haben. Wie beurteilen wir das?

Der Evangelist Johannes, dessen Geschichte über Jesus und die Ehebrecherin wir als Lesung gehört haben, gibt uns keine Details dieses Ehebruchs an die Hand. Wir wissen nicht, wer diese Frau war, die da „auf frischer Tat beim Ehebruch ergriffen" wurde und haben keine Ahnung von den Hintergründen für das, was sie getan hat. Wir können uns Vieles ausmalen, was sie entschuldigt: dass ihr Ehemann sie hinterging oder schlug oder nur einen Grund suchte, um sie loszuwerden, aber all das bleibt Spekulation. Die Frau hat in der Bibel keine Geschichte, weil diese unwesentlich für das Geschehen ist. Auffällig ist vielmehr, dass von dem Mann, ihrem Geliebten, jede Spur fehlt. Laut der Thora, dem jüdischen Gesetz, sollen beide, der Mann und die Frau, die die Ehe brechen, sterben. Hier wird einzig und allein die Frau angeklagt. Wahrscheinlich deshalb, weil nach der patriarchalischen Auslegung des Gesetzes die Frau bestraft wird, während der Mann davonkommt. Hören wir jetzt, wie Johannes das Geschehen schildert:

„Aber die Schriftgelehrten und Pharisäer brachten eine Frau zu ihm, beim Ehebruch ergriffen, und stellten sie in die Mitte und sprachen zu ihm: Meister, diese Frau ist auf frischer Tat beim Ehebruch ergriffen worden.

---

[30] Predigt über Joh.8,3-11 am 4.Sonntag nach Trinitatis 2007 in Mexiko, Predigtreihe V.

Mose aber hat uns im Gesetz geboten, solche Frauen zu steinigen. Was sagst du? Das sagten sie aber, ihn zu versuchen, damit sie ihn verklagen könnten. Aber Jesus bückte sich und schrieb mit dem Finger auf die Erde.
Als sie nun fortfuhren, ihn zu fragen, richtete er sich auf und sprach zu ihnen: Wer unter euch ohne Sünde ist, der werfe den ersten Stein auf sie. Und er bückte sich wieder und schrieb auf die Erde.
Als sie aber das hörten, gingen sie weg, einer nach dem andern, die Ältesten zuerst; und Jesus blieb allein mit der Frau, die in der Mitte stand.
Jesus aber richtete sich auf und fragte sie: Wo sind sie, Frau? Hat dich niemand verdammt? Sie antwortete: Niemand, Herr. Und Jesus sprach: So verdamme ich dich auch nicht; geh hin und sündige hinfort nicht mehr."

Die Szene ist dramatisch: Pharisäer und Schriftgelehrte schleppen die Ehebrecherin zu Jesus und wollen sie steinigen. Die Atmosphäre ist aufgeladen, die Frau ist in Lebensgefahr und Jesus, dem Rabbi aus Nazareth, wird von seinen Gegnern eine Falle gestellt: „Mose hat uns im Gesetz geboten, solche Frauen zu steinigen. Was sagst du?"

Jesus verhält sich zu dieser Frage sehr merkwürdig. Er beantwortet sie nicht, sondern beginnt, mit dem Finger auf die Erde zu schreiben. Gerne wüssten wir, was er schreibt, aber wir erfahren es nicht. Er schweigt zu der Frage der Pharisäer, anstatt sich auf eine theologische Diskussion mit ihnen einzulassen. Bei seinem Tun wirkt er einerseits konzentriert, andererseits gedankenverloren, so als würde er gar nicht wahrnehmen, wie brisant die Situation für die Frau ist. Aber indem er sich der Aufregung entzieht, nimmt er den anderen den Wind aus den Segeln und verbreitet eine Ruhe, die Auswirkungen auf sie hat. Jesus entschärft die Situation.

Aber dann reagiert er doch auf ihr ständiges Drängen, indem er ihnen einen Satz hinwirft: „Wer unter euch ohne Sünde ist, der werfe den ersten Stein." Der trifft. Er hält den Pharisäern einen Spiegel vor, in dem sie sich selbst erkennen. Sie sehen, dass sie selbst nicht rein sind, dass auch sie gegen Gottes Gesetz verstoßen, wenn auch nicht unbedingt auf so schwerwiegende Weise wie die Frau. Obwohl gerade sie sich darum bemühen, ihr Leben nach Gottes Willen zu entwerfen, bleiben sie hinter dem eigenen Anspruch zurück. Gottes Gerechtigkeit entsprechen sie nicht. Überraschend ist, dass die Pharisäer sich mit Jesu Satz ehrlich auseinandersetzen und dass sie vor den anderen zugeben können, dass sie schuldig sind. „Wer unter euch ohne Sünde ist, der werfe den ersten Stein.“

Jesus und die Frau bleiben allein zurück. „Hat dich niemand verdammt“, fragt er sie, und sie antwortet: „Niemand, Herr.” Da sagt Jesus zu ihr: „So verdamme ich dich auch nicht; geh hin, und sündige hinfort nicht mehr.” Keiner von beiden beschönigt das, was die Frau getan hat. Jesus entschuldigt sie nicht durch die Umstände, sondern nennt ihren Ehebruch Sünde. Gottes Gesetz, das sagt „Du sollst nicht ehebrechen“, bleibt gültig.

Uns fällt diese Klarheit heute schwerer. Wie sind schnell bereit, bei einem Ehebruch mildernde Umstände geltend zu machen oder haben uns so sehr daran gewöhnt, dass wir nicht mehr darüber entsetzt sind. Gott aber will mit dem sechsten Gebot den Lebensraum der Ehe schützen, der unter seinem Segen steht, und den Menschen, die in einer Ehe leben, einen Rahmen geben, innerhalb dessen sie sich frei bewegen können. Wir wissen, wie viele Menschen bei einem Ehebruch verletzt werden: der Partner oder die Partnerin, die Kinder und andere Menschen, zu denen wir in enger Beziehung leben. Gott will uns davor bewahren. Sein Gebot „Du sollst nicht ehebrechen” ist kein Verbot der Scheidung, wenn zwei Menschen nicht mehr weiter miteinander leben können und sich gegenseitig in ihren Möglichkeiten beschneiden. Es weist uns aber an, nicht zwei Beziehungen parallel zu führen, sondern klar zu sein und, wenn es nicht mehr anders geht, die eine zu beenden, bevor wir uns vielleicht für eine neue öffnen.

Was geschieht jetzt mit der Frau? Sie hat gegen das Recht verstoßen und ist schuldig. Und trotzdem darf sie weiterleben. „So verdamme ich dich auch nicht”, sagt Jesus zu ihr. Er eröffnet ihr ein neues Leben und gibt ihr noch einmal die Möglichkeit in die

Hand, es zu gestalten. Das ist Gnade. Dass sie neu anfangen darf und nicht für alle Zeit auf ihre Schuld festgelegt wird. Jesus traut ihr zu, dass sie anders leben kann: „Sündige hinfort nicht mehr". Er glaubt, dass sie zur Umkehr fähig ist.

Auch wir leben davon, dass Gott uns seine Gnade schenkt und wir umkehren dürfen. Das hilft uns, uns Neuem zuzuwenden anstatt uns auf das festlegen zu lassen, was wir falsch gemacht haben. Wir Christen und Christinnen leben von der Vergebung.

Ich wünsche uns allen, dass wir das immer wieder erfahren, so wie die Frau in unserer Geschichte.
Amen.

Die Freiheit der Gotteskinder[31]

Liebe Schwestern und liebe Brüder!

Das alte Jahr geht zu Ende, und wir halten inne. Dieser Gottesdienst lädt dazu ein, sich Gedanken zu machen über das, was war und über das, was kommen wird. Im Fluge der Zeit will er eine Atempause sein. Wir sind in die Kirche gekommen wie Wandernde zu einer Oase, wo frisches Wasser auf sie wartet, sie werden später weiterziehen auf ihrem Weg. Aber jetzt sind wir hier angekommen und rasten.

Wir haben Muße, zurückzuschauen auf das vergangene Jahr, jede und jeder für sich: Was hat mich bewegt? Welches waren die Höhepunkte – vielleicht ein Fest, eine gelungene Begegnung, die Geburt eines Kindes, ein Urlaub, an den ich mich gerne erinnere… Was ist mir gelungen? Was habe ich nicht geschafft? Wir mögen uns auch fragen: Was war schwierig? Vielleicht hat Krankheit mich eingeschränkt oder ich habe gespürt, dass meine Kräfte weniger werden… Es gibt Menschen, die fehlen, die ich verloren habe. Ohne sie hat das Leben einen anderen Geschmack. So blicken wir vielleicht auch wehmütig zurück auf das Jahr, das nun zu Ende geht. Beides bleibt und hat sein eigenes Gewicht: das Gute und das Schwere. - Ich wünsche mir, dass ich Frieden schließen kann mit dem, was mir im vergangenen Jahr geschehen ist und was ich selbst angestoßen habe. Ich wünsche mir sagen zu können: Ja, das war ein Jahr meines Lebens mit schwierigen und mit beglückenden Erlebnissen, ich nehme es so, wie es war, und lege es in Gottes Hand.

Wir können noch weiter rasten in der Oase und haben Zeit, das neue Jahr in den Blick zu nehmen, das, was wir schon von ihm wissen oder voraussehen können. Einiges ist schon geplant: Bei dem einen ein runder Geburtstag, bei der anderen eine Reise oder ein Wiedersehen mit lieben Menschen. Bei anderen sind die Kalender schon gut

[31] Predigt über Johannes 8,31-36 am Altjahrsabend 2012 in Lübeck, Predigtreihe V, veröffentlicht bei den Göttinger Predigten

gefüllt mit all dem, was sich automatisch weiterschreibt von Jahr zu Jahr. Politisch wird das neue Jahr die nächste Bundestagswahl bringen, kirchlich den Deutschen Evangelischen Kirchentag in Hamburg, um nur zwei Höhepunkte zu nennen. - Heute frage ich mich: Wie kann ich das gelassen angehen, was im neuen Jahr auf mich zukommt? Wie kann ich offen sein für das Neue, das es bringen wird, und auch für das, was weitergeht? Ich möchte das Jahr so beginnen, dass ich es gut auf den Weg bringe.

In dieser Gemengelage der Fragen und Überlegungen zeichnen sich noch tieferliegende Fragen ab. Wenn ich bereit bin, in die Tiefe hinabzusteigen, begegne ich diesen Fragen, die heißen: Was trägt mich in meinem Leben, worauf baue ich? Was fehlt mir? Was zählt und ist wahr? - Hier kommt unser Predigttext ins Spiel, in dem es um Wahrheit geht. Es ist ein Abschnitt aus dem Johannesevangelium, in dem Jesus sich mit Leuten auseinandersetzt, die ihn in Frage stellen. Es sind Juden, die Christen geworden waren, aber jetzt dem Christentum den Rücken kehren und wieder zurück wollen zum jüdischen Glauben.

Hören wir aus dem achten Kapitel des Johannesevangeliums die Verse 31 bis 36:

„Da sprach nun Jesus zu den Juden, die an ihn glaubten: Wenn ihr bleiben werdet an meinem Wort, so seid ihr wahrhaftig meine Jünger und werdet die Wahrheit erkennen, und die Wahrheit wird euch frei machen. Da antworteten sie ihm: Wir sind Abrahams Kinder und sind niemals jemandes Knecht gewesen. Wie sprichst du dann: Ihr sollt frei werden? Jesus antwortete ihnen und sprach: Wahrlich, wahrlich, ich sage euch: Wer Sünde tut, der ist der Sünde Knecht. Der Knecht bleibt nicht ewig im Haus; der Sohn bleibt ewig. Wenn euch nun der Sohn frei macht, so seid ihr wirklich frei."

Ich möchte mich auf die Schlüsselwörter konzentrieren, die diesen Text prägen. Es sind die Wörter „Wahrheit" und „frei machen". „Die Wahrheit wird euch frei machen", erklärt Jesus. Was ist Wahrheit?, frage ich, und möchte mich nicht abspeisen lassen mit dogmatischen Formeln wie: „Die Wahrheit ist Jesus Christus." Wie kann ich das übersetzen, so dass es etwas mit mir zu tun bekommt? Wahr ist, dass Gott jeden von uns liebt. Er hat uns ins Leben gerufen und erhält uns jeden Tag, indem er uns das gibt, was wir zum Leben brauchen, „unser tägliches Brot". Wahr ist, dass Gott barmherzig ist. Er sieht, was wir tun, auch das Schlechte: wo wir gedankenlos handeln, wo wir uns nur um uns selbst drehen, wo wir jemand anderem weh tun. Er sieht, wo wir zu ungeduldig sind, jemand anderem nicht gerecht werden oder ihn zur Seite boxen. Trotz des genauen Blicks auf unsere Fehler und Versäumnisse hört Gott nicht auf, uns zu lieben. Weil sein Sohn Mensch geworden ist wie wir, kennt Gott alles Menschliche. Er will uns vergeben, was wir falsch gemacht und wo wir Schuld auf uns geladen haben. Gott ist barmherzig. „Gnädig und barmherzig ist der Herr, geduldig und von großer Güte." (Ps. 103,8) – so heißt es im Psalmwort für diesen Gottesdienst.

Wahr ist das, worauf ich mich verlassen kann; worauf ich mein Leben bauen kann als auf ein tragfähiges Fundament. Wahrheit sind Menschen, die ich liebe. Wahrheit sind Überzeugungen, die mich tragen, wie diese: Unser Leben hat einen Sinn. Wir können etwas verändern. Der Mensch neben mir ist wichtig. Es ist richtig, sich für andere einzusetzen. Ein festes Fundament ist für mich auch der Glaube. Gott ist da, er hört und sieht jeden von uns. Wir sind ihm wichtig, er liebt uns. Gott möchte, dass wir ein erfülltes Leben haben. Gott will, dass wir ihn suchen und erkennen. Das ist wahr und trägt mich durch das Leben, ich vertraue darauf, dass es auch im Angesicht des Todes bestehen bleibt. So sieht die Wahrheit für mich aus. Wahrscheinlich würden Sie einiges anders formulieren, aber wir könnten uns als Christen auf bestimmte grundlegende Wahrheiten einigen.

Im Abschnitt aus dem Johannesevangelium geht es auch um Freiheit. Jesus sagt: „Wenn euch nun der Sohn frei macht, so seid ihr wirklich frei." Frei zu sein ist etwas, wovon viele träumen. Frei von Verpflichtungen und Zwängen, frei von Regeln, die ihnen andere aufoktroyieren. Frei, über mich selbst zu bestimmen und mein Leben in die eigene Hand zu nehmen, anstatt es anderen zu überlassen, für mich zu entscheiden. In der Kirche hat das Wort „Freiheit" leicht den Geruch von Egoismus, jemand, der sich auf Kosten anderer selbst verwirklicht. Dabei geht es im Glauben immer wieder um Freiheit, wenn Paulus im Galaterbrief schreibt: „Zur Freiheit hat uns Christus befreit“ (Gal. 5,1) oder Martin Luther eines seiner wichtigsten Bücher nennt „Von der Freiheit eines Christenmenschen.“ Frei sein und Christ sein, das gehört tatsächlich zusammen.

Jesus spricht in unserem Text nicht von einer absoluten Freiheit, sondern bringt sich selbst ins Spiel: Wer an den Sohn, also an ihn glaubt, wird frei sein. Freiheit und Bindung schließen sich hier nicht aus, sondern gerade der Bezug zu Jesus Christus eröffnet einen großen Freiraum. Wie kann das sein? Die Prioritäten werden verschoben. Wenn ich weiß, dass ich im Glauben verankert bin, wird mich nicht mehr alles hin und herwerfen, was um mich herum geschieht. Ich bin weniger abhängig von dem Urteil anderer über mich und von dem, was gerade modern ist. Ich weiß, dass Gott mich liebt und brauche der Liebe anderer Menschen nicht mehr blind hinterher zu laufen. Ich kann gelassener werden. „Wenn euch der Sohn frei macht, so seid ihr wirklich frei.“

Ich wünsche mir, dass andere Menschen das bei uns Christinnen und Christen spüren: die Heiterkeit, die Gelassenheit, weil wir wissen, dass Gott uns trägt. In den Fragen des täglichen Lebens und auch in den großen Entscheidungen geht es nicht um unser Sein oder Nichtsein. Das ist längst entschieden: Wir sind Kinder Gottes. Wir bleiben bei ihm für immer. Daran kann keiner rütteln. Und alles andere kann nicht so wichtig sein, dass es das in Frage stellt.

Ich möchte schließen mit einer Gedichtstrophe, die diese Freiheit der Kinder Gottes wunderbar zum Ausdruck bringt:

Ich bin vergnügt, erlöst, befreit.
Gott nahm in seine Hände meine Zeit,
mein Fühlen, Denken, Hören, Sagen,

mein Triumphieren und Verzagen,
das Elend und die Zärtlichkeit. *(Hanns Dieter Hüsch)*[32]

So wünsche ich Ihnen am Ende dieses Jahres für den Übergang ins nächste Jahr Heiterkeit.

So wünsche ich Ihnen beim Verlassen der Oase und beim Weiterwandern den Lebensmut derer, die Gottes Sohn befreit hat.
Amen.

[32] Hanns Dieter Hüsch, Uwe Seidel, Ich stehe unter Gottes Schutz - Psalmen für alle Tage, 1999, S. 140

Predigten in der Weihnachts- und Osterzeit

Alles ist möglich bei Gott – Die Ankündigung der Geburt Jesu[33]

Liebe Schwestern und liebe Brüder!

Marias Geschichte fängt an. Hören wir, was der Evangelist Lukas schreibt:

„Im sechsten Monat wurde der Engel Gabriel von Gott gesandt in eine Stadt in Galiläa, die heißt Nazareth, zu einer Jungfrau, die vertraut war einem Mann mit Namen Josef vom Hause David; und die Jungfrau hieß Maria. Und der Engel kam zu ihr hinein und sprach: Sei gegrüßt, du Begnadete! Der Herr ist mit dir! Sie aber erschrak über die Rede und dachte: Welch ein Gruß ist das? Und der Engel sprach zu ihr: Fürchte dich nicht, Maria, du hast Gnade bei Gott gefunden. Siehe, du wirst schwanger werden und einen Sohn gebären, und du sollst ihm den Namen Jesus geben. Der wird groß sein und Sohn des Höchsten genannt werden; und Gott der Herr wird ihm den Thron seines Vaters David geben, und er wird König sein über das Haus Jakob in Ewigkeit, und sein Reich wird kein Ende haben.
Da sprach Maria zu dem Engel: Wie soll das zugehen, da ich doch von keinem Mann weiß? Der Engel antwortete und sprach zu ihr: Der heilige Geist wird über dich kommen, und die Kraft des Höchsten wird dich überschatten; darum wird auch das Heilige, das geboren wird, Gottes Sohn genannt werden. Und siehe, Elisabeth, deine Verwandte, ist auch schwanger mit einem Sohn, in ihrem Alter, und ist jetzt im sechsten Monat, von der man sagt, dass sie unfruchtbar sei. Denn bei Gott ist kein Ding unmöglich. Maria aber sprach: Siehe, ich bin des Herrn Magd; mir geschehe, wie du gesagt hast. Und der Engel schied von ihr."

Wunderbar ist die Begegnung zwischen Maria und dem Engel. So voller Vorahnung und Bedeutung, dass dieses Treffen immer wieder von verschiedenen Künstlern dargestellt und ausgemalt worden ist. Vielleicht erinnern Sie/Ihr euch in diesem Moment an eines dieser Bilder… Mit Verwunderung reagiert Maria auf den Engel, der zu ihr kommt, sie weiß zunächst nicht, was das, was ihr geschieht, zu bedeuten

[33] Predigt am 4. Advent über Lukas 1,26-38 am 4. Advent 2004 in Mexiko, Predigtreihe III.

hat. Deutlich ist aber dieses: Großes geht vor, etwas Unvorstellbares bahnt sich an. Und Maria lässt sich anrühren von dem, was Gottes Botschafter ihr zu sagen hat. Sie lässt sich verwandeln im Laufe dieses Gesprächs und geht als eine Berührte daraus hervor. Wunderbar ist, was geschieht zwischen dem Mädchen Mirjam und dem Boten, den Gott zu ihr sendet.

„Sei gegrüßt, du Begnadete! Der Herr ist mit dir!", so spricht sie der Engel an. Marias erste Reaktion ist Erschrecken: Wer ist dieser Unbekannte? Wie redet er zu mir? Sie ist verwirrt: Wieso soll ich begnadet sein? Herausgehoben vor den anderen? Womöglich mit etwas besonderem beschenkt? Sie fühlt sich nicht geehrt von diesem Gruß, sondern er macht sie fassungslos. Der Engel begreift das und fährt fort: „Fürchte dich nicht, Maria!" Oft spricht er, sprechen andere Engel so, denn meistens haben wir Angst, wenn wir durch sie mit Gott in Berührung kommen, mit dem, der viel grösser und mächtiger ist, als wir es uns vorstellen. Und er richtet seine Botschaft aus, dass sie einen Sohn zur Welt bringen soll, der „Sohn Gottes" genannt werden und für immer König in Israel sein wird.

Maria, die lebenspraktisch ist, fragt kritisch nach: „Wie soll das zugehen, da ich keinen Mann erkenne? Ich kann doch ohne das nicht schwanger werden." Noch ist sie nicht einverstanden, möchte erst ihre Einwände los werden. Der Engel antwortet darauf geheimnisvoll verhüllend von der Kraft Gottes, die Unmögliches möglich werden lässt. Auch Elisabeth, ihrer älteren Verwandten, sei das widerfahren, sie, von der das keiner mehr erwartet hatte, sei schwanger. Erst jetzt stimmt Maria in Gottes Plan ein und sagt aktiv Ja zu dem, was der Engel ihr angekündigt hat: „Ich bin bereit, Gottes Willen zu erfüllen. Mir geschehe, wie du gesagt hast." Sie lässt sich nicht einfach gebrauchen, sondern will selbst ein Wort dazu sagen, zu dieser unvorstellbaren Veränderung ihres Lebens, die alles auf den Kopf stellt. Hätte sie eine andere Möglichkeit gehabt als zuzustimmen? Hätte sie nein sagen können? Wir wissen es nicht…

Später aber hätte sie durchaus anders entscheiden können: Keiner konnte sie zwingen, ihrem Sohn bis zum Ort seiner Hinrichtung zu folgen, wie sie es tat, und niemand verpflichtete sie dazu, seine Jüngerin zu werden. Das tat sie aus freien Stücken, weil sie glaubte, dass in ihm Gott auf die Erde gekommen war, um seinem Volk zu helfen. Das wollte sie weitererzählen, um die Menschen zu trösten und von ihren Ängsten zu befreien. Deshalb wurde sie die Nachfolgerin des Gottessohnes, den sie zur Welt gebracht hatte.

Schwanger durch den Heiligen Geist? Auch wir haben da, genau wie Maria, unsere Zweifel. Die Jungfrauengeburt, die in der katholischen Kirche zum Dogma erhoben worden ist, die aber auch wir im Glaubensbekenntnis bekräftigen, passt nicht zu unseren rationalen Welterklärungen. Sie ist vom Evangelisten Lukas allerdings auch nicht als historische oder biologische Tatsache gemeint, sondern als metaphorische Rede, die zu seiner Zeit im ersten Jahrhundert ohne Probleme als solche verstanden wurde. Für die Menschen aus dem griechisch-römischen Kulturkreis machte sie deutlich, dass dieses Kind von Anfang an, noch vor seiner Geburt, etwas Besonderes war, zu Höherem bestimmt, eben der Sohn eines Gottes, wie man das auch von Alexander dem Großen oder Kaiser Augustus glaubte.

Für Juden und Jüdinnen klingen andere Bezüge mit, vor allem die Prophezeiung des Propheten Jesaja: „Siehe, eine junge Frau ist schwanger und wird einen Sohn gebären, den wird sie Immanuel nennen", das heißt: Gott mit uns. (Jesaja 7,14) Mit ihm wird sich die politische Lage ändern, er wird der von Gott versprochene Retter sein. Das passt auf Maria und ihren Sohn, den sie auf Geheiß des Engels Jesus, „Gott rettet", nennen soll. Aus der „jungen Frau" wird dann bei der Übersetzung eine „Jungfrau", und später wird diese Eigenschaft mit Bedeutung aufgeladen und überfrachtet.

Noch etwas anderes hören diejenigen, die im Alten Testament bewandert sind: da wird Elisabeth, eine Frau, die eigentlich schon das Alter, in dem eine Frau Kinder zur Welt bringen kann, überschritten hat, doch noch schwanger. Selbst ihr Mann Zacharias kann es nicht glauben, als derselbe Engel Gabriel, der Maria besucht, es ihm ankündigt. Sie steht damit in einer Reihe mit vielen anderen Frauen des Ersten Bundes, die lange keine Kinder bekommen können: Mit der Stammmutter Sara, die lachen muss über die so unwahrscheinliche Ankündigung, sie würde doch noch einen Sohn bekommen, mit Rebekka, Isaaks Frau, mit der von Jakob so sehr geliebten Rahel, deren Schwester ein Kind nach dem andern zur Welt bringt, und mit Hanna, der Mutter Samuels. Alle diese Frauen stehen zusammen mit Elisabeth und Maria hinter dem Engels-Wort: „Denn bei Gott ist kein Ding unmöglich." - Aber bei Maria ist es doch anders als bei den übrigen Frauen: Sie ist nicht zu alt, sie hat nicht schon lange auf ein Kind gewartet, sondern sie ist ganz jung und hat noch keine Beziehung zu einem Mann gehabt. Genauso unwahrscheinlich und unglaublich wie bei Elisabeth, dass sie schwanger wird!

Die Schwangerschaft Marias ist etwas Wunderbares, das uns verdeutlichen soll: Hier hat Gott seine Hand im Spiel. Er macht sie möglich. Wie genau, wird nicht erklärt. Maria selbst steht gerade für das Menschliche bei Jesu Geburt: für den sich rundenden Bauch, die Schmerzen bei der Niederkunft, den Stolz auf das Neugeborene und die Liebe zu ihm. Durch sie können wir nicht übersehen, dass Jesus ein Mensch ist und auf die Welt kommt wie wir alle. Umso absurder, dass gerade Maria im Laufe der Kirchengeschichte zur reinen Magd und zur Himmelskönigin gemacht wurde, frei von aller Geschlechtlichkeit, schon selbst „ohne Sünde empfangen" und Jungfrau bis ans Ende ihres Lebens. Wahrscheinlich hätte das Mädchen Mirjam ungläubig gelacht, hätte ihr der Engel das angekündigt.

Warum wurde gerade sie von Gott auserwählt, die Mutter seines Sohnes zu werden? Wir wissen es nicht, denn Verdienste oder besondere Gaben werden nirgends erwähnt. Das Besondere ist gerade, dass Maria ein völlig normales Mädchen ist, das sich durch nichts von allen anderen Mädchen ihres Alters unterscheidet. Sie hat nichts vorzuweisen, was sie vor anderen auszeichnet. Erst Gott macht sie besonders, indem er sie liebevoll anschaut. Erst durch ihn wird sie schön. „Du hast Gnade bei Gott gefunden", sagt der Engel zu ihr. Gnädig blickt Gott auf sie, und dadurch verändert sie sich, wird mutiger und schöner. Dass er sie für würdig hält, die Mutter seines Sohnes zu werden, verleiht ihr neuen Glanz. - Oft wird Maria voll anmutiger Schönheit abgebildet, dahinter steht die Überzeugung, dass sie durch ihre Schwangerschaft von innen heraus strahlt und dass sie das auch äußerlich verändert. „Wenn du mich anblickst, werd ich schön..." (Gabriela Mistral)[34]. Gerade sie hat er ausersehen, um auf die Welt zu kommen. Das verwandelt sie, Gottes Blick auf sie prägt ihr ganzes Leben.

Da ist aber doch eines, was Maria tut und was nicht selbstverständlich ist: Sie öffnet sich für Gott. „Mir geschehe, wie du gesagt hast." Sie gibt Gott Raum, in ihrem Leib und in ihrem ganzen Leben. Sie lässt es sich gefallen, dass Gott sich einmischt. Und: Obwohl vieles dagegen spricht, dass alles einen guten Verlauf nimmt -denken wir nur an Josef, der sich fragen wird, wer der Vater dieses Kindes ist, denn er kann es nicht sein; stellen wir uns nur die ausgestreckten Finger vor, mit denen das Dorf auf die ledige Mutter zeigen wird- erwartet sie trotzdem, dass Gott alles zum Guten fügen wird. Das beeindruckt mich an Maria, dass sie sich einlässt auf Gott.

Gut wäre es, wenn wir das auch könnten, uns offen halten für Gott. Das klingt passiver, als es ist. Es gehören Willen, Durchsetzungskraft und langer Atem dazu, Gott Platz zu schaffen. Ihn eintreten zu lassen in unsere Herzen, unsere Häuser und unser Leben. Maria, die zustimmt, ohne Bedingungen zu stellen, kann uns dabei leiten, Gott Raum zu geben bei uns.

---

[34] Gabriela Mistral, Scham, in: Wenn du mich anblickst, werd ich schön. Gedichte. München 1991

Dann leihen wir uns die Worte eines der schönsten Weihnachtslieder und singen mit ihm:

„So lass mich doch dein Kripplein sein,
komm, komm und lege bei mir ein,
dich und all deine Freuden."[35]

Amen.

[35] Evangelisches Gesangbuch Nr.37,9

Magnificat – Marias Lobgesang[36]

Liebe Schwestern und liebe Brüder!

Unser heutiger Predigttext setzt ein, als der Engel, der Maria die Geburt Jesu angekündigt hat, sie wieder allein gelassen hat. Was wird Maria nach dieser Nachricht, die ihr ganzes Leben auf den Kopf stellt, tun? Hören wir, was der Evangelist Lukas im Ersten Kapitel erzählt:

„Maria aber machte sich auf in diesen Tagen und ging eilends in das Gebirge zu einer Stadt in Juda und kam in das Haus des Zacharias und begrüßte Elisabeth. Und es begab sich, als Elisabeth den Gruß Marias hörte, hüpfte das Kind in ihrem Leibe. Und Elisabeth wurde vom heiligen Geist erfüllt und rief laut und sprach: Gepriesen bist du unter den Frauen, und gepriesen ist die Frucht deines Leibes! Und wie geschieht mir das, dass die Mutter meines Herrn zu mir kommt? Denn siehe, als ich die Stimme deines Grußes hörte, hüpfte das Kind vor Freude in meinem Leibe. Und selig bist du, die du geglaubt hast! Denn es wird vollendet werden, was dir gesagt ist von dem Herrn.

Und Maria sprach: Meine Seele erhebt den Herrn,
und mein Geist freut sich Gottes, meines Heilandes;
denn er hat die Niedrigkeit seiner Magd angesehen.
Siehe, von nun an werden mich seligpreisen alle Kindeskinder.
Denn er hat große Dinge an mir getan,
der da mächtig ist und dessen Name heilig ist.
Und seine Barmherzigkeit währt von Geschlecht zu Geschlecht
bei denen, die ihn fürchten.
Er übt Gewalt mit seinem Arm
und zerstreut, die hoffärtig sind in ihres Herzens Sinn.
Er stößt die Gewaltigen vom Thron
und erhebt die Niedrigen.
Die Hungrigen füllt er mit Gütern
und lässt die Reichen leer ausgehen.
Er gedenkt der Barmherzigkeit
und hilft seinem Diener Israel auf,
wie er geredet hat zu unsern Vätern,
Abraham und seinen Kindern in Ewigkeit.

[36] Predigt über Lukas 1,39-56 am 4. Advent 2005 in Mexiko, Predigtreihe I.

Und Maria blieb bei ihr etwa drei Monate; danach kehrte sie wieder heim."

Maria macht sich auf den Weg in das Gebirge, um ihre Verwandte Elisabeth zu besuchen, von der der Engel gesprochen hat. Mehrere Tage wird sie zu Fuß unterwegs sein bis sie nach Juda kommt und dabei Zeit haben, über all das Merkwürdige nachzudenken, was sie erlebt hat. Der Weg über das Gebirge ist auch symbolisch zu verstehen: Vieles an Gedanken, Ängsten und Zweifeln trägt Maria mit sich, so dass die ersten Monate ihrer Schwangerschaft steinig und beschwerlich sind. „Stimmt es wirklich, dass dieses Kind von Gott ist", wird sie sich gefragt haben. Was werden ihre Eltern, ihre Familie und die anderen Leute über sie denken, wo sie doch nicht verheiratet ist? Und vor allem: wie wird Josef, ihr Bräutigam, reagieren, dem sie noch nichts gesagt hat, weil sie nicht wusste, wie? Wird er sie nicht beschuldigen, sich mit einem anderen eingelassen zu haben und sie verstoßen? Wie wird ihr Leben sich verändern durch das Kind, kann sie ihm Geborgenheit vermitteln, wird es in einer Familie aufwachsen?

Schwere Gedanken, die Maria da mit sich trägt über Hügel und Gestein. „Maria durch ein Dornwald ging, Kyrie eleison", heißt es in einem Adventslied[37]. „Maria durch ein Dornwald ging, der hat in sieben Jahrn kein Laub getragen. Jesus und Maria." Vielleicht hat sie bei ihrer Wanderung das Gefühl, wie durch Dornengestrüpp zu gehen, so viele Hindernisse und Schwierigkeiten sieht sie vor sich.

Sie will zu Elisabeth. Mit ihr, die auch schwanger sein soll, kann sie hoffentlich ihre neuen Gefühle teilen. Mit ihr, der Älteren, sich austauschen über alle aufbrechenden Fragen. Vielleicht kann Elisabeth ihr raten, was zu tun ist. Maria braucht die Solidarität der anderen, ihre Unterstützung. Sie wird bei ihr bleiben, drei Monate lang. So lange, bis die erste Periode der Schwangerschaft vorbei ist, so lange, bis sich

[37] „Maria durch ein' Dornwald ging", zitiert nach: G. Natalis, Das Weihnachtsbuch der Lieder, Frankfurt a.M. 1998, S. 21

das Kind sicher in ihrem Leib eingenistet hat, so lange, bis das morgendliche Unwohlsein überstanden ist und es ihr wieder besser geht. Diese Zeit braucht sie, um mit sich und dem in ihr wachsenden neuen Leben ins Reine zu kommen, um ganz Ja zu ihm zu sagen und zu allen Veränderungen, die es mit sich bringen wird. Danach wird sie bereit sein, nach Hause zurückzukehren und sich dem zu stellen, was auf sie wartet. Aber diese Zeit des Rückzugs, des vertrauten Gesprächs mit der Freundin, wird nötig sein, um sich auf das, was kommt, vorzubereiten.

„Da haben die Dornen Rosen getragen, Kyrie eleison, als das Kindlein durch den Wald getragen, da haben die Dornen Rosen getragen, Jesus und Maria.[38]" So ähnlich könnte sie vor sich hin gesummt haben auf dem Rückweg von Elisabeth nach Hause, voller Zuversicht, dass sie mit Gottes Hilfe das angehen kann, was sie erwartet.

Wie reagiert Elisabeth, als Maria in ihr Haus tritt? Sie spürt plötzlich -vielleicht zum ersten Mal- wie sich das Kind in ihrem Leib bewegt und deutet das als ein besonderes Zeichen. Erfüllt vom Heiligen Geist, fängt sie an, prophetisch zu reden von Dingen, die sie nach menschlichem Ermessen nicht wissen kann. Hellsichtig erkennt sie, dass Maria auch schwanger ist und ein besonderes Kind erwartet, das ein König und Herr sein wird. Sie preist Maria selig, weil sie an die Verheißung des Engels geglaubt und eingestimmt hat in das, was Gott mit ihr vorhat. Maria wird durch die Prophezeiung Elisabeths zu einer außergewöhnlichen Frau, zu einem Vorbild im Glauben.

Elisabeth und Maria verstehen sich ohne lange Erklärungen, sie sind einander nahe, weil sie beide auf wunderbare Weise, durch Gottes Eingreifen, schwanger geworden sind: Elisabeth, obwohl sie schon jenseits des Alters war, in dem Frauen Kinder gebären können und Maria, obwohl sie keine Beziehung zu einem Mann hatte. Beide Kinder, Johannes und Jesus, sind durch einen Engel angekündigt, so dass beide

[38] siehe vorherige Fußnote

Mütter mit besonderen Kindern gesegnet sind, und jede spürt, dass es der anderen ebenso geht.

Als Maria Elisabeths Gruß hört, löst sich ihre Zunge, und sie kann dem Lied Raum geben, das in ihr ist: „Meine Seele erhebt den Herrn, und mein Geist freut sich Gottes meines Heilandes…" Die Ängste und Zweifel sind vergessen, und sie kann jubeln und Gott loben mit einem Gesang voller Hoffnung. Aus der Übereinstimmung mit Elisabeth, aus der Beziehung der beiden von Gott herausgehobenen Frauen, entsteht dieses Lied auf Gott, der ein Gott der Veränderung ist. So ist es eigentlich ihr gemeinsames Lied, denn beide haben erlebt, dass Gott in ihr Leben eingreift, dass er sie verwandelt und Großes an ihnen tut, und sowohl Elisabeth als auch Maria haben ihr Ja dazu gesagt, ohne zu übersehen, welche Konsequenzen das nach sich ziehen wird. Sie legen ihre Zukunft und die ihrer ungeborenen Kinder in Gottes Hand und vertrauen darauf, dass bei ihm nichts unmöglich ist.

Marias Jubellied auf Gott beginnt mit dem, was ihr und Elisabeth geschehen ist:

„Er hat die Niedrigkeit seiner Magd angesehen.
Siehe, von nun an werden mich selig preisen alle Kindeskinder.
Denn er hat große Dinge an mir getan,
der da mächtig ist und dessen Name heilig ist." (V. 48f)

Gott hat sie angesehen und wahrgenommen. Er hat sich nicht abschrecken lassen davon, dass sie arm und unbedeutend ist, sondern hat sie auserwählt, die Mutter seines Sohnes zu werden. Damit hebt er sie empor, so dass auch kommende Generationen sie selig nennen werden. Er gibt ihr eine Wichtigkeit, von der sie nie zu träumen gewagt hätte. Gott erwählt sich keine Königin oder Prophetin zur Mutter seines Sohnes, sondern ein Mädchen aus dem Volk. Er setzt sich über menschliche

Maßstäbe hinweg. Dafür lobt Maria ihn und stimmt ein Lied voller Staunen über Gottes Macht an, die an ihr und in ihr wirksam ist.

Sie bleibt aber nicht bei dem stehen, was ihr widerfährt. Das Private wird bei ihr politisch, wenn sie weiter singt:

„Seine Barmherzigkeit währt von Geschlecht zu Geschlecht
bei denen, die ihn fürchten.
Er übt Gewalt mit seinem Arm
und zerstreut, die hoffärtig sind in ihres Herzens Sinn.
Er stößt die Gewaltigen vom Thron und erhebt die Niedrigen.
Die Hungrigen füllt er mit Gütern und lässt die Reichen leer ausgehen.
Er gedenkt der Barmherzigkeit und hilft seinem Diener Israel auf,
wie er geredet hat zu unsern Vätern, Abraham und seinen Kindern in Ewigkeit." (V. 50-55)

Was ihr passiert, erkennt Maria, ist typisch für Gott: Er findet sich nicht damit ab, dass die Niedrigen unterdrückt bleiben und die Hungrigen leer ausgehen, sondern will sie zu Ehren kommen lassen und satt machen. Gott kehrt die Verhältnisse um, damit alle genug zum Leben haben. Er ist kein Gott der Mächtigen und der Gewaltherrscher, sondern ergreift die Partei der Armen und stellt sich auf ihre Seite. Er ist ein barmherziger Gott, der sich das Elend derer, die nichts haben, zu Herzen gehen lässt.

Wir erleben das allerdings oft nicht so wie Maria, sondern erfahren genau das Gegenteil: Dass Gott nichts gegen die Machthaber unternimmt, die ihr Volk und andere unterdrücken und dass die Armen jeden Tag weniger Lebenschancen haben, ohne dass er eingreift. Manchmal seufzen wir vielleicht: „Gott, wo bist du, warum kommst du nicht, um diese Welt zurecht zu bringen, um das Töten zu verhindern und die Ausgelieferten zu schützen?" Ja, Gott steht auf der Seite der Kriegsflüchtlinge, der AIDS-Kranken und der Opfer von Katastrophen – aber was nützt ihnen das, wenn er ihr Schicksal nicht ändert?

Es ist schwer, darauf eine Antwort zu finden. Zum einen möchte ich diesen Einwänden entgegen halten: Wir machen es uns zu einfach, wenn wir uns Gott wie einen Supermann vorstellen, der jederzeit zur Stelle ist, wenn es brennt, um die Betroffenen zu retten. Gott hat uns die Freiheit gegeben, so zu handeln, wie es uns richtig erscheint, aber auch den Auftrag, diese Welt zu bewahren. Wir können nicht die Hände in den Schoss legen und darauf warten, dass er schon alles richten wird – denn dann hätten wir unsere Freiheit und Verantwortung verloren. Gott handelt durch uns und nicht durch übernatürliche Kräfte, das heißt, dass wir die Welt nach seinem Willen gestalten können und sollen und für mehr Gerechtigkeit und Barmherzigkeit sorgen.

Und zum anderen sind wir aufgerufen, neben und trotz aller Eigenverantwortung nicht aufzuhören, auf Gottes Handeln in unserem Leben und unserer Welt zu hoffen. Es gibt Dinge, die wir nicht in der Hand haben, die aber trotzdem wunderbarerweise geschehen: Da wird eine nach langer Krankheit wieder gesund, da findet jemand nach vielem verzweifeltem Suchen endlich eine Arbeitsstelle, da finden zwei Menschen nach Streit und Irrwegen wieder zueinander und versöhnen sich, da tragen die Friedensbemühungen zwischen zwei Völkern endlich Früchte. Wenn wir so etwas erleben, können wir nicht erklären, wie es dazu kam, sondern nur staunen. Und dann kommt uns vielleicht wie Maria ein Lied auf Gott in den Sinn, ein Lied voller Hoffnung und Dankbarkeit:

„Meine Seele erhebt den Herren, denn er hat Unmögliches möglich gemacht. Er hat mir wieder neuen Lebensmut geschenkt nach so viel Traurigkeit. Er hat sich auf meine Seite gestellt, als ich mich von allen verlassen fühlte. Er hat das, was ich für unverrückbar hielt, auf den Kopf gestellt." Vielleicht würden Sie, würdet ihr euer Lied so ähnlich oder ganz anders formulieren…

Gut ist es, mit Gottes Handeln zu rechnen und Wunder für möglich zu halten wie Maria und Elisabeth, gerade in dieser Zeit des Advents.

Das wünsche ich uns allen: Dass wir mit Gott rechnen und uns auf ihn einlassen. Dabei helfe uns Gott.

Amen.

Gott hat Großes mit mir vor – Maria besucht Elisabeth[39]

Liebe Schwestern und liebe Brüder!

Heute steht Maria im Mittelpunkt der Predigt, die voll guter Hoffnung ein mutiges, beinahe revolutionäres Lied singt. Maria, fragen sich vielleicht einige von Ihnen erstaunt - mit ihr haben wir Evangelischen doch gar nichts zu tun! Nein, sicherlich nehmen wir nicht unsere Zuflucht zur Jungfrau, damit sie Gott unsere Bitten und Wünsche vorträgt. Trotzdem ist sie auch für uns wichtig, aber als eine von uns, ein ganz normales junges Mädchen, dem etwas Außergewöhnliches anvertraut wird und die in ihrer Reaktion darauf für uns zum Vorbild werden kann. Mit ihr zusammen wollen wir das Lied auf Gott singen, der barmherzig ist und die Welt zugunsten der Zu-kurz-Gekommenen verändert. Lassen wir sie nun selbst zu Wort kommen, damit sie uns erzählt von diesen Tagen, die ihr Leben für immer auf den Kopf stellten:

Da stand ich nun, nachdem der Engel mich verlassen hatte. „Es soll so sein, wie du gesagt hast", hatte ich am Schluss seiner langen Rede zu ihm gesagt. Aber mir brummte der Kopf, ich konnte nicht glauben, was ich da gerade gehört hatte: Ich sollte ein Kind bekommen, schon das höchst merkwürdig, weil Josef mich doch noch gar nicht berührt hatte, geschweige denn ein anderer Mann. Aber gut, der Heilige Geist, die Kraft Gottes, konnte das wohl möglich machen, auch wenn ich nicht erklären könnte, wie genau. Aber dann all das, was er mir über mein Kind gesagt hatte: Man wird ihn Sohn Gottes nennen und er soll für immer auf dem Thron unseres mächtigen Königs David sitzen. „Jesus" soll ich ihn nennen, „Gott rettet" bedeutet das - wen wird er retten: sein Volk? Mich? Ein Kind von mir, die bisher noch keinem groß aufgefallen ist (außer Josef), von einem Mädchen aus einem Winkel in Galiäa soll zu solch großen Dingen bestimmt sein? Wie kann das angehen? Warum hat Gott ausgerechnet mich dazu bestimmt?

---

[39] Predigt über Lukas 1,39-56 am 4 Advent in Mexiko, Predigtreihe I

So fragte ich mich und ein Gedanke jagte den anderen. Ich war durcheinander und glücklich, aber dann stiegen immer mehr Bedenken in mir auf, Probleme, für die der Engel mir keine Lösung an die Hand gegeben hatte: Wie sollte ich Josef meine Schwangerschaft erklären? Würde er mir glauben? Oder würde er mir unterstellen ich hätte ihn hintergangen und würde ihm jetzt Märchen auftischen? Wahrscheinlich würde er mich gar nicht mehr heiraten wollen, mit einem fremden Kind im Bauch. Wie würde ich dann dastehen? Im Dorf würden alle mit dem Finger auf mich zeigen, kein Mann würde mich noch zur Frau haben wollen, und ich müsste mich und mein Kind mühsam alleine durchbringen, wer weiß, womit. Und meine Eltern, würden sie nicht dasselbe denken wie Josef und mir Vorhaltungen machen, ich hätte mein Leben aus Leichtsinn ruiniert und sie in Schande gebracht? Ich war den Tränen nahe. Meine Lage erschien mir immer aussichtsloser.

Da erinnerte ich mich plötzlich an etwas, was der Engel auch noch erwähnt hatte: Elisabeth, meine Verwandte, sei auch schwanger. Elisabeth, die mich immer liebevoll wie eine Nichte behandelt hatte, weil sie selbst keine Kinder bekommen konnte, sie sollte jetzt guter Hoffnung sein? Eigentlich war sie schon längst über das Alter heraus, in dem eine Frau Kinder gebären kann, und nun war es doch geschehen? Ihr Traum, den sie schon begraben hatte, hatte sich doch erfüllt, nach so vielen Jahren? Ich sprang auf: Sie würde mich verstehen, sie würde nachfühlen können, wie mir zumute war mit einer Schwangerschaft, die keiner hatte voraussehen können. Eilig packte ich ein Bündel mit Sachen für die Reise, verabschiedete mich schnell von meinen Eltern, ohne ihnen etwas von dem Besuch des Engels zu sagen, bestellte einen Gruß an Josef und machte mich auf den Weg über das Gebirge zu Elisabeth.

Der Weg war weiter als ich ihn in Erinnerung hatte, oft musste ich Hügel hinauf und wieder herabsteigen, es war trocken und steinig, die Sonne brannte mir auf den Kopf. Disteln standen am Wegrand, ab und zu musste ich mir meinen Weg auch durch Dornengestrüpp bahnen. Meine widerstreitenden Gefühle ließen mich nicht los, sie waren während meiner Wanderung über die Berge meine unermüdlichen Begleiter.

Dann endlich war ich am Haus von Elisabeth und Zacharias angelangt und ging hinein. Überrascht schaute Elisabeth auf, als sie meinen Gruß hörte, und ich sah sofort, dass ihr Bauch sich schon wölbte von ihrem Kind. Es stimmte also wirklich, was der Engel gesagt hatte, jedenfalls bei ihr! Wir umarmten uns zärtlich, und noch bevor ich irgendetwas über meinen überraschenden Besuch sagen konnte, fing Elisabeth an zu sprechen: „Auserwählt hat Gott dich unter allen Frauen, und gesegnet ist das Kind in deinem Leib! Wie kommt es, dass du, die Mutter meines Herrn, mich besuchst? Als ich eben deine Stimme hörte, bewegte sich mein Kind in mir, so freute es sich. Selig bist du, weil du geglaubt hast, was Gott dir angekündigt hat!“ Ich war starr vor Staunen: Noch konnte kein Mensch mir ansehen, dass ich schwanger war - woher wusste Elisabeth das? Und woher hatte sie gehört, dass ich die Mutter des Herrn sein sollte und dass Gott mir das durch seinen Boten angekündigt hatte? Ich musste mich erst mal hinsetzen.

„Woher weißt du das alles, Elisabeth?“, fragte ich sie. „Ich wusste es erst in dem Augenblick als ich deine Stimme hörte, plötzlich hüpfte das Kind in meinem Leib, das erste Mal. Gib mir deine Hand, damit du es spüren kannst.“ Ich legte meine Hand auf ihren Bauch. „Und alles, was ich dir eben gesagt habe, war eine Eingebung, wie von selbst kamen die Worte aus mir heraus, ohne dass ich überlegt habe. Aber ich bin sicher, dass du auch schwanger bist und dass Gott mit deinem Kind etwas Besonderes vorhat.“ Ich antwortete: „Ich muss dir alles von vorne erzählen, was passiert ist, Elisabeth, hör mir zu.“ Und dann konnte ich endlich mit jemandem sprechen, alle wunderbaren Dinge erzählen, meine Freude und meine Bestürzung mit ihr teilen. Zwischendurch lachten und weinten wir beide. Ich wurde ruhiger, und in mir breitete sich die Gewissheit aus, dass Gott mich und mein Kind beschützen und dafür sorgen würde, dass ich es nicht allein aufziehen müsste.

Und auf einmal fing ich an zu singen:
„Meine Seele erhebt den Herrn,
ich juble zu Gott, meinem Befreier;

ich, eine unbedeutende Frau -
aber glücklich werden mich preisen
die Leute von jetzt an.
Denn Großes hat Gott an mir getan -
sein Name ist heilig,
und grenzenlos sein Erbarmen
zu allen, denen es ernst ist mit ihm.
Er braucht seine Macht,
um die Pläne der Machthaber fortzufegen.
Er stürzt die Hohen vom Sitz
und hebt die Unterdrückten empor.
Er macht die Hungrigen reich,
und schickt die Reichen hungrig weg.[40]
Er hilft seinem Volk Israel
und vergisst nicht, sich zu erbarmen,
wie er es Abraham und seinen Kindern versprochen hat
für immer."

So sang es aus mir heraus. Ich war selbst überrascht wie mutig das klang, aber auf einmal war ich sicher, dass Gott nicht nur mich emporgehoben hatte, sondern dass er auch andere kleine Leute groß machen und denen, vor denen wir uns fürchteten, die Macht nehmen würde. Gott steht auf unserer Seite, was hoch war, wird er niedrig machen. All das würde durch mein Kind geschehen, so wie es schon die Propheten meines Volkes vorausgesagt hatten. Noch sahen das nur Elisabeth und ich, aber wenn unsere Kinder groß wären, würden es alle erkennen: Gott stellt die Verhältnisse auf den Kopf und rettet uns. - Und nach drei Monaten, als die kritische Zeit der Schwangerschaft um war, machte ich mich wieder auf den Heimweg zu meiner Familie und zu Josef.

---

[40] Kurt Marti, zart und genau, Berlin 1985, Gedicht „und maria", S. 188

So weit die Erzählung von Maria. So voller Hoffnung war sie, dass Gott durch Jesus die Welt verändern würde und denen, die keine Stimme hatten, zu ihrem Recht verhelfen würde. Sie fand sich nicht ab mit der Welt, wie sie ist, sondern sehnte sich nach einer besseren. Ihre Zuversicht kann uns von neuem Mut machen und unsere vergessenen Hoffnungen aufwecken:

Dass unser Leid und unsere Traurigkeit ein Ende haben werden. Dass die Unterschiede zwischen Arm und Reich nicht ewig bestehen bleiben, sondern alle genug zum Leben haben. Dass Frauen und Männer einander als gleichwertige Partner ansehen anstatt einander herabzusetzen. Dass endlich Frieden sein wird und die Waffen zu Staub werden. Dass die Gewaltherrscher gestürzt werden und das Volk bestimmen kann. Dass denen Gerechtigkeit widerfährt, die unterdrückt gewesen sind.

Wir brauchen sie, diese Visionen von einer anderen Welt, die möglich ist; um daran mit zu bauen, dass sie wirklich wird. Maria weckt unsere Hoffnung auf in dieser Adventszeit und legt uns ein Lied in den Mund:

„Meine Seele erhebt den Herrn
und mein Geist freut sich Gottes, meines Heilandes.“

Amen.

Benedictus – Zacharias Lobgesang[41]

Liebe Schwestern und Brüder!

Heute ist der erste Advent, der uns vorbereiten will auf Gottes Kommen in unsere Welt. Ich weiß nicht, wie es Euch/Ihnen geht, ob Ihr mit Euren Gedanken und Gefühlen schon angekommen seid in der Vorweihnachtszeit… Vielleicht sind einige noch in ganz anderer Stimmung, beschäftigt mit Gedanken über Tod und Sterben, die ausgelöst sind durch das zu Ende gehende Kirchenjahr und Verstorbene aus unserer Mitte in den letzten Tagen und Wochen. Aber unsere eigene, individuelle Gefühlslage spielt für den Ablauf der Zeit keine Rolle: Morgen ist der erste Advent, mit ihm liegt ein neuer Ton in der Luft. Er durchzieht das Loblied, das heute Thema der Predigt ist, das Lied, das Zacharias anstimmt, als sein Sohn Johannes geboren wird. Hören wir noch einmal das „Benedictus", das wir vorhin schon gemeinsam als Psalm gebetet haben:

„Gelobt sei der Herr, der Gott Israels!
Denn er hat besucht und erlöst sein Volk
und hat uns aufgerichtet eine Macht des Heils
im Hause seines Dieners David
- wie er vorzeiten geredet hat durch den Mund seiner heiligen Propheten -,
dass er uns errettete von unsern Feinden
und aus der Hand aller, die uns hassen,
und Barmherzigkeit erzeigte unsern Vätern
und gedächte an seinen heiligen Bund
und an den Eid, den er geschworen hat unserm Vater Abraham,
uns zu geben, dass wir, erlöst aus der Hand unsrer Feinde,
ihm dienten ohne Furcht unser Leben lang
in Heiligkeit und Gerechtigkeit vor seinen Augen.
Und du, Kindlein, wirst ein Prophet des Höchsten heißen.

---

[41] Predigt über Lukas 1,68-79 am 1. Advent 2006 in Mexiko, Predigtreihe V

Denn du wirst dem Herrn vorangehen, dass du seinen Weg bereitest
und Erkenntnis des Heils gebest seinem Volk
in der Vergebung ihrer Sünden,
durch die herzliche Barmherzigkeit unseres Gottes,
durch die uns besuchen wird das aufgehende Licht aus der Höhe,
damit es erscheine denen, die sitzen in Finsternis und Schatten des Todes,
und richte unsere Füße auf den Weg des Friedens."

Gott kommt in die Welt, um uns zu besuchen und zu erlösen, so heißt es in diesem Lied. Er lässt sich unser Los nahe gehen, nimmt sich zu Herzen, was uns bewegt und was wir erleiden, und will Licht in unsere Dunkelheit bringen. Er holt uns da ab, holt uns da *ein*, wo wir gerade sind. Wir brauchen uns nicht künstlich in eine fröhliche Stimmung zu versetzen, weil Gott weiß, was uns umtreibt und worüber wir traurig sind. Er kommt hinein in Traurigkeit und Leid. „Damit er erscheine denen, die sitzen in Finsternis und Schatten des Todes", heißt es im Benedictus. Unsere Dunkelheiten brauchen wir nicht vor ihm zu verbergen oder zu verleugnen. Aber Gott will uns ihnen nicht überlassen, sondern sie durch sein Licht erleuchten und uns in Bewegung bringen, damit wir uns auf den Weg des Friedens machen: „…richte unsre Füße auf den Weg des Friedens", betet Zacharias.

Zacharias ist Vater geworden, das öffnet ihm den Mund, um Gott überschwänglich zu loben. Lange hatten er und seine Frau Elisabeth auf ein Kind gewartet, und als sie die Hoffnung endgültig aufgegeben hatten, geschah das Wunder doch, dass Elisabeth schwanger wurde. Als ihr Sohn zur Welt kam, waren beide Eltern überwältigt, voll von Dank und Jubel. - Mit *jedem* Kind beginnt etwas Neues, verändert sich die Lebenswelt der Eltern von Grund auf. Aber mit diesem Kind, Johannes, hat es etwas Besonderes auf sich, weil Gott für ihn einen Auftrag hat: Er soll die Menschen vorbereiten auf das Kommen des Messias und ihm den Weg bereiten. So wird er Johannes der Täufer werden, der den Menschen predigt, ihr Leben von Grund auf zu verändern und Buße zu tun. Sein Leben wird unlösbar mit dem Leben Jesu verknüpft sein.

Wir hören die alten Geschichten von der unerwarteten Geburt des Johannes, von den wunderbaren Umständen, unter denen Jesus zur Welt kommt, jedes Jahr wieder. Wir erinnern uns an das, was vor 2.000 Jahren geschehen ist - aber hat es etwas mit uns zu tun? Trifft es *uns* in *unserem* Leben? Die Erinnerung hat nur dann einen Sinn, wenn wir für möglich halten, dass sie für uns fruchtbar wird. Erwarten wir von Gott, dass er *auch heute* diejenigen besucht, die in Finsternis und Todesschatten sitzen, um ihre Dunkelheit zu erhellen? Wenn die Erfahrungen, die Menschen früherer Zeiten mit Gott gemacht haben, auch für uns möglich werden, dann hat die Erinnerung eine Bedeutung, sonst ist sie einfach nur ein Blick zurück, der ohne Echo bleibt.

Also. Erleben wir, dass Gott uns besucht, dass er in unser Leben hineinkommt, um es zu verändern? Mir fallen Ereignisse ein, die so gedeutet werden können. Aber es bleibt Sache derer, die sie erleben, sie als ein Eingreifen Gottes zu verstehen oder nicht. Nur aus dem Glauben heraus können wir die Spuren Gottes in unserer Welt erkennen.

Ich denke an jemanden aus unserer Gemeinde, der sehr krank war, sterbenskrank. Seine Familie und er warteten darauf, dass er von seinem Leid und seiner Krankheit erlöst wurde. Viele Tage lang quälte er sich. Dann endlich konnte er friedlich vom Schlaf hinübergehen in den Tod. Gott hat sich seiner erbarmt, so können wir als Christen sagen und hat ihn zu sich genommen. Er hat seine Todes-Finsternis erhellt und ihn in sein, in Gottes, Licht gerufen. Dort wird er alle Tränen von seinem Angesicht abwischen, und der Tod wird über ihn keine Macht mehr haben.

Dass Gott uns nahe kommt, spüren wir auch bei der Geburt eines Kindes. Es bleibt ein Wunder, dass es heranwächst im Leib seiner Mutter und als vollständiger Mensch geboren wird. Wir sind überwältigt, dass dieses kleine Kind seine ganz eigene Persönlichkeit hat, die es im Laufe seines Lebens immer weiter entwickelt. Viele Eltern empfinden es als ein Geschenk, dass ihnen dieses Kind anvertraut wird, damit sie für es sorgen und Verantwortung übernehmen. Sie spüren, dass die Geburt dieses neuen Menschen über ihr Begreifen hinausgeht und dass ein Höherer als sie, Gott, seine Hand im Spiel hat.

Gott kann auch auf andere Weise unser Leben verändern: Einige von uns haben erlebt, dass sich an einem bestimmten Punkt ihres Lebens die Probleme zu einem Knoten geknüpft hatten, den sie alleine nicht entwirren konnten. Sie waren verzweifelt und wussten sich keinen Rat mehr. Und dann gab es eine unerwartete Wende, es geschah etwas, was vorher nicht abzusehen war, und sie konnten den Knoten auflösen oder er löste sich von selbst. Im Rückblick verstehen sie, dass Gott sie geführt hat, sogar hinein in die Schwierigkeiten, damit sie etwas klären und ihr Leben neu ausrichten konnten.

„Durch die herzliche Barmherzigkeit unseres Gottes wird uns besuchen das aufgehende Licht aus der Höhe", das können wir heute genauso erleben wie Zacharias, der Vater des Täufers Johannes. Dazu allerdings brauchen wir die Brille des Glaubens, die uns hilft, das, was uns geschieht, mit Gott zu verknüpfen.

Ich wünsche Ihnen und uns, dass wir in dieser Adventszeit mit offenen Augen und empfindsamen Herzen durch die Welt gehen, um Gottes Spuren in ihr zu entdecken.
Dabei helfe uns Gott und richte unsere Füße auf den Weg des Friedens.
Amen.

Was soll das bedeuten? – Der Heiland ist geboren![42]

Liebe Schwestern und liebe Brüder!

Die Weihnachtsgeschichte finden wir beim Evangelisten Lukas im Zweiten Kapitel. Dort heißt es:

„Es begab sich aber zu der Zeit, dass ein Gebot von dem Kaiser Augustus ausging, dass alle Welt geschätzt würde. Und diese Schätzung war die allererste und geschah zur Zeit, da Quirinius Statthalter in Syrien war. Und jedermann ging, dass er sich schätzen ließe, ein jeder in seine Stadt.

Da machte sich auf auch Josef aus Galiläa, aus der Stadt Nazareth, in das jüdische Land zur Stadt Davids, die da heißt Bethlehem, weil er aus dem Hause und Geschlechte Davids war, damit er sich schätzen ließe mit Maria, seinem vertrauten Weibe; die war schwanger. Und als sie dort waren, kam die Zeit, dass sie gebären sollte. Und sie gebar ihren ersten Sohn und wickelte ihn in Windeln und legte ihn in eine Krippe; denn sie hatten sonst keinen Raum in der Herberge.

Und es waren Hirten in derselben Gegend auf dem Felde bei den Hürden, die hüteten des Nachts ihre Herde. Und der Engel des Herrn trat zu ihnen, und die Klarheit des Herrn leuchtete um sie; und sie fürchteten sich sehr. Und der Engel sprach zu ihnen: Fürchtet euch nicht! Siehe, ich verkündige euch große Freude, die allem Volk widerfahren wird; denn euch ist heute der Heiland geboren, welcher ist Christus, der Herr, in der Stadt Davids. Und das habt zum Zeichen: ihr werdet finden das Kind in Windeln gewickelt und in einer Krippe liegen. Und alsbald war da bei dem Engel die Menge der himmlischen Heerscharen, die lobten Gott und sprachen: Ehre sei Gott in der Höhe und Friede auf Erden bei den Menschen seines Wohlgefallens.

Und als die Engel von ihnen gen Himmel fuhren, sprachen die Hirten untereinander: Lasst uns nun gehen nach Bethlehem und die Geschichte sehen, die da geschehen ist, die uns der Herr kundgetan hat. Und sie kamen eilend und fanden beide, Maria und Josef, dazu das Kind in der Krippe liegen. Als sie es aber gesehen hatten, breiteten sie das Wort aus, das zu ihnen von diesem Kinde gesagt war. Und alle, vor die es kam, wunderten sich über das, was ihnen die Hirten gesagt hatten. Maria aber behielt alle diese Worte und bewegte sie in ihrem Herzen. Und die Hirten kehrten wieder um, priesen und lobten Gott für alles, was sie gehört und gesehen hatten, wie denn zu ihnen gesagt war."

Da sind sie alle wieder: die Hirten, die Engel und das Paar mit dem Kind. Alle Jahre wieder kommen sie ins Spiel. Alle Jahre wieder hören wir ihre Story.

---

[42] Predigt über Lukas 2,1-20 zu Heiligabend 2012 in Lübeck

Gelingt uns ein neuer Blick auf die Geschichte? Wird uns etwas anrühren dieses Jahr zu Weihnachten? Das wäre schön...

Ich beginne heute mit dem Engel, der den Hirten erscheint. „Fürchtet euch nicht! Siehe, ich verkündige euch große Freude, die allem Volk widerfahren wird; denn euch ist heute der Heiland geboren, welcher ist Christus, der Herr, in der Stadt Davids", ruft er ihnen zu. Als erstes erfahren die Hirten, welche Bedeutung die Geburt hat. Nicht irgendein Kind ist zur Welt gekommen, sondern der Retter für die Menschen. Er bringt das Heil, er macht die Menschen frei und ihre Seele gesund. Er ist der Herr über alle und hat mehr Macht als der Kaiser in Rom, der mächtigste Mann des Erdkreises. Gott hat ihn erwählt.

Danach hören die Hirten, woran sie dieses außergewöhnliche Kind erkennen können: Es liegt in einer Krippe und ist in Windeln gewickelt. Aber das passt doch nicht zusammen: der, den Gott dazu bestimmt hat, die Menschen zu befreien, müsste doch woanders geboren werden! In einem vornehmen Haus, wo er alles hätte, was ein Neugeborenes braucht: eine Wiege, sauberes Wasser, geeignete Säuglingskleidung, eine warme Decke und natürlich einen Arzt oder eine Hebamme. „Liegt hier ein Missverständnis vor?", fragen sich die Hirten. Krippe und Windeln, das klingt für sie nach einem einfachen Bauernkind, nach einem von ihnen, für das nichts Besseres da war. Aber sie haben die Worte des Engels gehört, und sie haben alle das gleiche verstanden: Windeln und Krippe. Und sie glauben, dass Gott ihnen diesen Deute-Engel geschickt hat. Deshalb machen sie sich auf den Weg. „Lasst uns nun gehen nach Bethlehem und die Geschichte sehen, die da geschehen ist, die uns der Herr kundgetan hat", so sagen sie zueinander.

Sie finden das Kind mit seinen Eltern. In der Geschichte steht nicht, was die Hirten Maria und Josef erzählt haben. Aber sie müssen ihnen berichtet haben, dass sie einen Engel gesehen haben, der zu ihnen gesagt hat: „Euch ist heute der Heiland geboren!" Sie mussten doch erklären, warum sie gekommen waren und woher sie von dem

Neugeborenen wussten. Maria und Josef erfahren also durch die Hirten, dass ihr Kind der Retter der Welt sein wird. - Ich stelle mir vor, dass sie überrascht waren: Auf einmal ist Gott da, in ihrem Leben, in dem, was ihnen passiert. Gott mischt sich ein. Sie erinnern sich wieder: Als Maria schwanger wurde, war auch ein Engel aufgetaucht, der ankündigte, dass Gott mit diesem Kind Großes vorhabe. Kurz danach hatte Josef von einem Engel geträumt, der ihm sagte, dass dieses Kind sein Volk retten würde.

Aber das war nun alles schon neun Monate her, und seitdem war nichts Außergewöhnliches mehr passiert. Stattdessen waren ihnen lauter Dinge zugestoßen, die schwierig und ungünstig für das noch Ungeborene waren: eine erzwungene Reise gerade am Ende der Schwangerschaft, kein Raum für sie in einer Unterkunft, stattdessen nur ein notdürftiges Dach über dem Kopf. Womöglich hatten die Eltern gezweifelt an der Verheißung, Gott habe mit ihrem Kind etwas Besonderes vor - denn dann hätte er doch sicherlich dafür gesorgt, dass sein Sohn unter anderen Umständen zur Welt gekommen wäre.

Aber jetzt hören sie die Worte des Engels, die die Hirten ihnen übermitteln: „Eine große Freude für alle Menschen verkündige ich euch: Der Heiland ist geboren" Nun wissen es auch andere, dass Gott mit ihrem Kind große Pläne vorhat. Nun ist es öffentlich, und sie können es nicht verstecken. Gott greift nach ihnen, er ist in ihre kleine Welt hineingekommen. Andere hören die frohe Nachricht, zuerst die Hirten und dann auch die, denen die Hirten es weitererzählen. Denn alle, die von den Hirten hören, was sie in jener Nacht erlebt haben, wundern sich.

Maria und Josef spüren, dass sie die Eltern eines besonderen Kindes sind. Sie haben eine große Verantwortung: sich gut um dieses Kind zu kümmern, es zu schützen und zu nähren, denn Gott will durch dies Kind die Menschen retten. Aber sie brauchen Zeit, um das zu verstehen und die Rolle zu akzeptieren, die Gott für sie bestimmt hat.

In der Geschichte heißt es: „Maria aber behielt alle diese Worte und bewegte sie in ihrem Herzen.“ Maria macht sich Gedanken und das geht nicht nur über den Verstand, sondern dringt tiefer in sie ein. Sie lässt sich bis in ihr Innerstes anrühren durch die Verheißung für ihren Sohn. Wir können vermuten, dass sie sich fragte: „Was genau hat Gott mit meinem Kind vor? Welche Rolle werde ich dabei spielen, wie kann ich meinem Sohn helfen? Wird es ihm gut gehen damit, wird er glücklich sein?“ All das meditiert Maria und lässt die Gedanken und Gefühle durch sich hindurchgehen. So versucht sie zu begreifen, was ihr, Josef und dem Kind durch Gott geschieht. So eignet sie sich ihre neue Rolle an. „Maria aber behielt alle diese Worte und bewegte sie in ihrem Herzen.“ Für mich ist das einer der schönsten Sätze in der Weihnachtsgeschichte und sicherlich der innigste.

Maria erlebt, dass jemand ihr deutet, was geschieht. Die Worte des Engels lassen sie verstehen, dass ihr Kind kein gewöhnliches Kind ist, sondern der Retter der Menschen. Ohne die Worte des Engels wäre die Geburt Jesu nur für sie und Josef wichtig gewesen - jetzt begreift sie, dass sie alle Menschen betrifft.

Uns geht es wie Maria: Wir sind angewiesen auf Deutungen für unser Leben. Wenn sich bei uns nur ein Ereignis an das andere reiht, stellt sich irgendwann das Gefühl der Leere ein. Unser Leben hat keinen Geschmack mehr und ist schal geworden. Es fehlt ihm die Tiefe. Ich glaube, jeder von uns fragt nach dem Sinn seines Lebens, einige öfter, andere seltener, aber die Frage nach dem Sinn stellen wir uns alle: Was soll das bedeuten, was ich erlebe und auch das, was ich erleide? Was ist der Sinn in dem, was ich verschulde und in dem, was ich gewähre? So versuchen wir, einen Sinn in den Wegen und Umwegen, auch in den Irrwegen unseres Lebens zu entdecken.

Oft können wir das nicht alleine, sondern brauchen andere, die uns dabei helfen. Wer kann das sein? Ich denke an gute Freunde, Geschwister oder den Ehepartner, die mir helfen, Dinge, die mir passieren, zu ordnen und besser zu verstehen. Manchmal braucht es auch Menschen, die weiter weg stehen und nicht so verwickelt sind in das, was mir widerfährt. Beim Deuten helfen kann auch eine Seelsorgerin oder ein Arzt oder ein Psychologe. Ein anderer Mensch kann mir zu einem Deute-Engel werden, der mir hilft, in meinem Leben einen Sinn zu entdecken.

Vielleicht können auch wir anderen dabei helfen, ihr Leben zu verstehen. Vielleicht können wir zum Deute-Engel werden für andere – liebevoll, ohne uns aufzudrängen. Dann mögen Himmel und Erde zusammen kommen und es werde Licht, „denn euch ist heute der Heiland geboren, welcher ist Christus, der Herr, in der Stadt Davids."
Amen.

Draußen bei den Hirten – Die heilige Nacht[43]

Liebe Schwestern und liebe Brüder!

Wie haben wohl die Hirten auf den Feldern vor Bethlehem diese Nacht erlebt? Ich möchte Sie einladen, zu ihnen hinauszugehen und sich in Gedanken mit ihnen ans Hirtenfeuer zu setzen. Hören wir, was Lukas in seiner Weihnachtsgeschichte über sie erzählt:

„Und es waren Hirten in derselben Gegend auf dem Felde bei den Hürden, die hüteten des Nachts ihre Herde. Und der Engel des Herrn trat zu ihnen, und die Klarheit des Herrn leuchtete um sie; und sie fürchteten sich sehr. Und der Engel sprach zu ihnen: Fürchtet euch nicht! Siehe, ich verkündige euch große Freude, die allem Volk widerfahren wird; denn euch ist heute der Heiland geboren, welcher ist Christus, der Herr, in der Stadt Davids. Und das habt zum Zeichen: ihr werdet finden das Kind in Windeln gewickelt und in einer Krippe liegen. Und alsbald war da bei dem Engel die Menge der himmlischen Heerscharen, die lobten Gott und sprachen: Ehre sei Gott in der Höhe und Friede auf Erden bei den Menschen seines Wohlgefallens.

Und als die Engel von ihnen gen Himmel fuhren, sprachen die Hirten untereinander: Lasst uns nun gehen nach Bethlehem und die Geschichte sehen, die da geschehen ist, die uns der Herr kundgetan hat. Und sie kamen eilend und fanden beide, Maria und Josef, dazu das Kind in der Krippe liegen. Als sie es aber gesehen hatten, breiteten sie das Wort aus, das zu ihnen von diesem Kinde gesagt war. Und alle, vor die es kam, wunderten sich über das, was ihnen die Hirten gesagt hatten. Maria aber behielt alle diese Worte und bewegte sie in ihrem Herzen. Und die Hirten kehrten wieder um, priesen und lobten Gott für alles, was sie gehört und gesehen hatten, wie denn zu ihnen gesagt war.“

Die Hirten schrecken hoch aus dem Halbschlaf: Da ist doch etwas. Ein Licht, mitten in der Nacht. So viel Glanz sind sie nicht gewohnt, am Tag nicht, und noch weniger jetzt in der Nacht. Plötzlich steht jemand da, umflossen von diesem gleißenden Licht, das ihre Augen blendet. Der Mann (ist es ein Mann?) scheint aus anderen Welten zu kommen. Die Hirten bekommen es mit der Angst. Da hören sie, was ihnen der Mann

[43] Predigt über Lukas 2,8-20 zu Heiligabend 2010 in Lübeck

im Licht zu sagen hat: „Für euch ist heute der Retter geboren, ein Kind, das in Windeln gewickelt in einer Krippe liegt."

Sie sind verwirrt: „Woher weiß er das? Und wie soll ein neugeborenes Kind sie retten? Wovor eigentlich?"

Auf einmal ist der Mann da nicht mehr allein, sondern umgeben von anderen (sind das Engel?), die im Chor rufen und singen: „Ehre sei Gott in der Höhe und Friede auf Erden bei den Menschen seines Wohlgefallens." Dann sind sie verschwunden, fast wie ein Spuk, und die Hirten sind wieder allein mit ihren Schafen. Das blendende Licht ist erloschen.

Wie geht es jetzt weiter? Bleiben sie bei ihren Schafen sitzen und warten weiter frierend auf den fahlen Streifen Licht, der den Morgen ankündigt? Vergessen sie einfach, was sie gesehen haben und tun es ab als ein Nachtgespinst? Nein, etwas bewegt sie, die Botschaft ernst zu nehmen und der Sache auf den Grund zu gehen. Einige glauben, dass das Engel waren, von Gott geschickt, andere treibt einfach die Neugier...

So machen sich die Hirten auf den Weg und brauchen nicht lange zu suchen, bis sie im Stall vor den Toren Bethlehems das Kind finden, das in einer Futterkrippe liegt. Als sie es sehen, spüren sie, dass es kein gewöhnliches Neugeborenes ist, dass es anders ist als ihre eigenen Kinder zuhause. Etwas Besonderes geht von ihm aus, das sie ergreift und berührt. Jeder hat das Gefühl, dass das Kind bis in sein Herz sieht und ihn im Innersten erkennt. Sie merken, wie alles Belastende von ihnen abfällt, und sie sind auf einmal mit sich selbst im Reinen. Es kommt ihnen auch so vor, als wäre da wieder ein Licht. Es geht von dem Kind aus, das von innen strahlt und Glanz um sich verbreitet. Dieses Licht spiegelt sich wider in den Gesichtern der Menschen, die zu ihm kommen.

Und es kommen viele: Leute aus dem Ort, die den Stern über dem Stall gesehen haben und gegen Morgen ein paar Kinder und Halbwüchsige. Für die Hirten wird es nun Zeit, wieder zu ihren Herden zurückzukehren. Den ganzen Tag hören sie nicht auf, miteinander über das Kind zu reden, und mit wem sie auch immer in der nächsten Zeit zu tun haben, erzählen sie ihm von diesem Kind, das mit seinem Licht ihre Herzen erfüllt und sie verändert hat. Seit jener Nacht ist irgendetwas anders: Sie streiten nicht mehr miteinander so wie früher. Jeder ruht in sich selbst und braucht sich nicht mehr vor den anderen zu beweisen. Ihr Leben hat einen Sinn bekommen.

Das war die Heilige Nacht der Hirten. Wir wollen sie jetzt verlassen und uns dem Kind in der Krippe, Jesus, zuwenden. Welches ist sein Geheimnis, mit dem er die Herzen der Menschen anrühren und verändern kann? Jesus ist der Sohn Gottes und gleichzeitig ein Mensch. In ihm wird Gott einer von uns, ohne sich Privilegien vorzubehalten. Selbst Schmerzen, Traurigkeit und Verrat ist er bereit, auf sich zu nehmen, um uns nahe zu sein. Gott hält es nicht im Himmel, er sehnt sich danach zur Welt zu kommen und in uns Menschen ein Gegenüber zu finden, ein Du. Am Wendepunkt der Zeiten wird er Mensch und wird in Bethlehem von Maria geboren. Das ist ein Umschwung in der Geschichte Gottes mit den Menschen, der eine Zäsur setzt zwischen dem, was vorher war und dem, was darauf folgt. „Im Zenit der Zeiten kam sein Sohn zur Welt.“[44]

In der Geburt des Gotteskindes können wir die Liebe Gottes zu uns mit Händen greifen. Sie schreibt sich in unser Gedächtnis ein als etwas Harmonisches, sogar Vollkommenes, obwohl die Umstände im Stall von Bethlehem ärmlich waren,

---

[44] Evangelisches Gesangbuch 409,4

gekennzeichnet von Not. All das spielt im Angesicht des Kindes in der Krippe keine Rolle mehr. Es fügt sich alles zusammen, angefangen von Ochse und Esel im Stall über die verschiedenen Besucher bis hin zu den Eltern. Gott ist zur Welt gekommen und hat die Menschen im Inneren angerührt, so dass ihr Leben danach anders weiterging. Ein für alle Mal ist das geschehen, und auch wir Nachgeborenen erinnern uns jedes Jahr zu Weihnachten wieder daran, dass Gott für uns Mensch wurde.

Gott kommt uns aber nicht nur zu Weihnachten nahe, sondern will uns -wie die Hirten- im Alltag treffen, bei der Arbeit, wenn wir unterwegs sind oder zuhause. Er lässt sich nicht festlegen oder gar einsperren in eine „Heilige Zeit“, sondern sucht jeden Augenblick die Möglichkeit, uns zu begegnen, damit wir ihm Platz machen in unseren Herzen. Der Ort, an dem wir Gott treffen können, ist unser eigenes Leben, heute und hier. Gott wartet auf uns. Wenn er in uns lebt, verändert sich das, was uns wichtig ist, und die Liebe zu anderen Menschen wird bedeutender als alles andere. Gott öffnet uns die Augen dafür, dass wir zusammen gehören und seine geliebten Kinder sind. Für ihn zählen die Unterschiede zwischen uns nicht, und er möchte, dass wir unsere Mitmenschen als Schwestern und Brüder sehen. Damit meint Gott auch die „fernen Nächsten“, die weit entfernt wohnen und von denen wir nur erfahren, weil unsere Spenden zu ihnen gehen.

Sich von Gottes Zuneigung anrühren zu lassen, garantiert kein schmerzfreies und immer glückliches Leben. Ein Beispiel dafür ist Jesus Christus, der am Kreuz gestorben ist. Aber dass wir Gott an unserer Seite wissen, gibt uns den Mut, angesichts der Dunkelheiten nicht zu verzagen, sondern durch sie hindurch zu gehen. Die Finsternis ist zwar noch nicht vollständig gebannt, aber sie hat die Macht verloren, uns zu knechten und zu beherrschen. Wenn Gott in uns wohnt, wenn er sich, im Bild gesprochen, ein Bett in unserem Herzen gemacht hat, leben wir aus seiner Kraft heraus. Dann können wir seine Liebe weitertragen zu anderen Menschen.

So lasst uns in dieser Weihnachtszeit unsere Herzen öffnen für das Geheimnis von Gottes Liebe und ihn einlassen in unser Leben.

Offene Herzen für Gott - das wünsche ich uns allen.

Amen.

Kinder des Lichts – „Am Anfang war das Wort“[45]

Liebe Schwestern und liebe Brüder!

Zu Weihnachten fällt Licht in die Dunkelheit und erleuchtet sie. Zu Weihnachten werden Menschen, die im Schatten lebten, in den Lichtkreis hineingezogen.

Die Hirten auf den Feldern vor Bethlehem erleben, dass es plötzlich mitten in der Nacht hell wird, und in der leuchtenden Klarheit sehen sie den Engel, der ihnen verkündet: "Fürchte euch nicht! Euch ist heute der Heiland geboren." - Da wird einem Volk, das im Finstern wandelt, ein großes Licht verheißen, so hören wir in den Weissagungen des Alten Testaments, und über Menschen, die im finstern Lande wohnen, wird es plötzlich hell. Dieses Licht vertreibt die Dunkelheit, es ist mächtiger als die Schatten.

„Das Licht scheint in der Finsternis, und die Finsternis hat's nicht ergriffen.“

Das ist die gute Botschaft des Weihnachtsfestes.

Wir brauchen diese frohe Nachricht, gerade zu dieser Zeit, im Winter, wo es früher dunkel wird und die Sonne, auch hier in Mexiko, nicht immer zu sehen ist, so dass die Tage trübe und kalt bleiben. Wir versuchen auch selbst, dieser Dunkelheit etwas entgegenzusetzen und schmücken die Häuser mit Lichterketten und Weihnachtsfiguren. Oder wir zünden drinnen Kerzen an und setzen damit Zeichen gegen die Finsternis. Wir hoffen, dass das Licht sich gegen das Dunkel behaupten wird und dass die Tage bald wieder heller und wärmer werden.

Woran denken Sie, wenn Sie das Wort „Licht" hören? Fällt Ihnen vielleicht die Sonne ein, die Wärme und Helligkeit verbreitet, an deren Schein wir uns freuen?

[45] Predigt über Johannes 1,5 am Heiligabend 2005 in Mexiko

Oder stellen Sie sich eher gleißendes, kaltes Licht vor, so wie im Krankenhaus? Kommt Ihnen das warme Licht einer Kerze in den Sinn oder Laternen, mit denen Kinder am Abend durch die herbstlichen Straßen ziehen? Vielleicht sehen Sie auch einen Stern vor sich… Wenn wir uns Licht vorstellen, gehört dazu auch als Gegenteil die Dunkelheit. Sie kann bedrohlich sein, weil wir nicht wissen, was da im Schatten auf uns wartet oder lauert, sie kann aber auch wohltuend sein nach einem sonnendurchglühten Tag. - Licht und Dunkelheit gehören zusammen. Eines ist ohne das andere nicht vorstellbar und verliert seine besondere Qualität.

Für unser Leben wünschen wir uns meistens, dass es hell ist und es darin Licht gibt, die dunklen Tage, die bestimmt sind von Angst, Krankheit und Tod fürchten wir und würden sie gerne ausklammern. Aber oft holt uns ein, wovor wir Angst haben, und wir werden gezwungen, uns ihm zu stellen: da müssen wir von einem geliebten Menschen Abschied nehmen, da wird unser ganzer Lebensentwurf über den Haufen geworfen oder es wird jemand, der uns nahe steht, schwer krank. Wenig können wir gegen solche „Schicksalsschläge" tun, und die Hoffnung, von allem Schlimmen verschont zu bleiben, entpuppt sich als naiver Traum. Das gilt nicht nur für unser eigenes Leben, sondern auch für das, was uns auf der ganzen Welt beschäftigt. Das zu Ende gehende Jahr hat uns mit zahlreichen Naturkatastrophen konfrontiert, vom Tsunami im Indischen Ozean bis hin zu den Hurrikans in Chiapas und Cancún. Im Irak ist immer noch kein Friede eingekehrt, und neue Konflikte, z.B. mit dem Iran, zeichnen sich ab. Um Horrorszenarien aufzustellen, braucht man nicht sehr viel Phantasie. Wer traut sich da heute vom „Frieden auf Erden", von „Gerechtigkeit für die Armen und Elenden" (Jesaja 11,4) zu sprechen wie es der Engel der Weihnachtsgeschichte und der Prophet Jesaja tun?

Und doch gibt es die Sehnsucht danach, die Hoffnung, dass Krieg und Horror eine Grenze gesetzt werden möge. Wir sehnen uns nach dem Licht, sind verrückt danach und halten es nicht aus, ohne Hoffnung zu leben. Wir erwarten von Weihnachten, dass diese Sehnsucht nach Frieden und Ganzsein genährt wird. Vielleicht fällt es nicht immer leicht, das in Worte zu fassen, aber ich glaube, dass dieses Verrücktsein nach Licht in uns allen wohnt und die Erwartungen hervorruft, die sich an Weihnachten knüpfen. Gut möglich, dass wir das nur sehr vorsichtig formulieren können, aus Angst, uns lächerlich zu machen oder verletzlich zu zeigen. Vielleicht helfen dabei die Worte der Dichterin Anneliese Merkel, die sie in ihrem Gedicht „Herbergssuche" findet:

Herbergssuche[46]
„Fremd die Wege
lang die Schatten
im Land der Verbannung irrlichtern wir Heimatlose
sehnsuchtskrank von Tür zu Tür
trinken auf versteinerter Schwelle
einen Lidspalt Licht
aus Bethlehem."

Wenigstens einen „Lidspalt Licht aus Bethlehem" können wir in uns aufnehmen und uns davon nähren. Wenigstens ein winziger Strahl des Lichts erreicht uns da, wo wir stehen, selbst wenn wir heimatlos sind, nicht wissen, wohin wir gehören. Licht aus Bethlehem für jeden und jede von uns, „für dich gegeben".

Der Lichtschein geht aus von einem Gott, der selbst Dunkelheiten durchlebt hat. Dieser Gott weiß, was es heißt, die Schatten des Todes zu fürchten, sich ihnen aber dann doch zu stellen. Weil ihm die finsteren Stunden und Tage, die wir Menschen durchleben, nicht fremd sind, kann er uns darin verstehen und begleiten.

Schon als er geboren werden sollte, war ungewiss, wo seine Mutter ein Dach über dem Kopf finden würde, um ihn auf die Welt zu bringen. Und das, was sich nach

[46] Vgl. http://www.luther-genf.ch/cms/startseite/angedacht/angedacht-201012, letzter Aufruf 2.6.2014

langer Herbergssuche fand, war nicht gerade der Ort, den sich eine Mutter für ihre erste Geburt wünscht, weder eine erfahrene Geburtshelferin noch heißes Wasser waren zur Stelle. Kurze Zeit danach musste die junge Familie vor den Schergen des Königs Herodes nach Ägypten fliehen, der um Thron und Macht fürchtete und alle möglichen Konkurrenten noch als Kleinkinder umbringen lassen wollte. - Später, als Jesus erwachsen war, erlebte er, wie einer seiner engsten Freunde ihn verriet und an diejenigen verkaufte, die ihm nach dem Leben trachteten. In einer der schlimmsten Stunden seines Lebens blieb er allein, weil seine Jünger eingeschlafen waren, statt ihn mit ihren Gebeten in seiner Todesangst zu stützen. Und als man ihn dann gefoltert und an's Kreuz geschlagen hatte, wurde er verspottet und ausgelacht. Selbst von Gott fühlte er sich verlassen und schrie nach ihm mit letzter Kraft.

Dieser Gottessohn weiß, was es heißt, die Dunkelheiten zu erleben, ihm wurde nichts erspart. Für uns schlägt das zu unserem Heil aus. Wir können uns darauf verlassen, dass unsere finsteren Erfahrungen ihm nicht fremd sind und dass wir uns an ihn wenden können in Verzweiflung und Traurigkeit. Er hört und versteht uns, und er lässt uns spüren, dass er in solchen bitteren Momenten an unserer Seite ist. Gott lässt uns nicht im Schatten des Todes sitzen, sondern will mit seinem Licht dort hineinkommen und uns Schritt für Schritt neue Hoffnung geben. Er leuchtet in unsere Dunkelheit, manchmal als ein vorsichtiger, schmaler Lichtstrahl, manchmal als ein plötzlich aufbrechendes Licht. Dann mag es sein, dass wir spüren, dass Freunde uns halten, wo wir dachten, den Boden unter den Füßen zu verlieren und allein zu sein. Oder wir erleben vielleicht, dass der Schmerz nach einiger Zeit nicht mehr so stechend ist wie am Anfang und ganz langsam abgeschliffen wird, so dass wir auch wieder Augen für die schönen Dinge haben, die uns erfreuen. Vielleicht tritt auch ein neuer Mensch in unser Leben und wird für uns wichtig, so dass wir durch ihn von neuem Zuversicht schöpfen. All das können wir verstehen als Spuren Gottes in unserem Leben, als Widerschein seines Lichts.

Die Dunkelheit kann uns nicht in ihrem Machtbereich halten, wir werden nicht ewig im Schatten des Todes sitzen. Von Weihnachten her fällt ein Lichtstrahl in unser Leben, weil Bethlehems Stern auch über uns aufgegangen ist. Dieser Stern kann uns Orientierungspunkt sein, zu dem wir immer neu aufschauen und der uns gewiss sein lässt, dass Gott um uns weiß. Kein Mensch ist ihm gleichgültig, deshalb hat er seinen Sohn in unsere Welt geschickt, damit er unser Leben lebt und unsere Schmerzen und Traurigkeiten leidet. Gott ist sich nicht zu schade, selbst Mensch zu werden. In Jesu Erdendasein hat aber der Tod nicht das letzte Wort, sondern er geht durch ihn hindurch und überwindet ihn, um am Ostermorgen aufzuerstehen zu neuem, ganz anderem Leben. Seitdem dürfen wir darauf vertrauen, dass wir nach unserem Tod bei Gott weiterleben werden. - So scheint in dem Weihnachtslicht schon der Glanz des Ostermorgens auf mit der Gewissheit, dass Gott für uns da ist - in diesem und auch dort im andern Leben.

„Das ewig Licht geht da herein, gibt der Welt einen neuen Schein; es leucht wohl mitten in der Nacht, und uns des Lichtes Kinder macht. Kyrieleis", dichtet Martin Luther in einem seiner Weihnachtslieder (EG 23,4 Gelobet seist du, Jesu Christ). Er fasst dieses Leuchten, das von dem Gottessohn in der Krippe ausgeht, unnachahmlich in Worte: Ein neuer Schein ist in die Welt gekommen, den keiner mehr auslöschen kann, er scheint bis heute. Dieses Licht ist ein Teil von Gottes Licht, ein Funke der in die Welt gekommen ist. Er leuchtet auf in der finstersten Nacht, unter Menschen, die am Rande stehen und mit denen keiner gerechnet hat. Er strahlt für diejenigen die traurig und einsam sind, die sich keine Hoffnungen mehr gemacht hatten.

„Und uns des Lichtes Kinder macht..." Wir sind gemeint, die gute Botschaft gilt jedem von uns: Du bist hinein gezogen in den Kreis dieses Lichts. Christus ist auch für dich geboren. Und du bist sein Kind und trägst sein Licht in dir und in die Welt hinaus. - Nicht immer spüren wir dieses Licht in uns, manchmal ist es verdunkelt oder verdeckt. Aber es ist trotzdem da, wir haben es in uns, wir Lichtkinder. Vielleicht können wir es heute Abend und in diesen Tagen aufdecken und leuchten lassen für die Menschen um uns herum, damit wir sie damit anstecken und sie froh werden.

Das wünsche ich uns allen: zu entdecken, dass das Licht, das vom Kind in der Krippe ausgeht, für uns leuchtet und dass andere uns abspüren, dass wir Kinder dieses Lichts sind.

Dabei helfe uns Gott in diesen Weihnachtstagen.

Amen.

Einzug – Der König auf dem Esel[47]

Liebe Schwestern und Brüder!

Wir haben in dieser Woche den Einzug in eine Stadt miterlebt: Panzer rollten über die Straßen, in denen die Befreier gut geschützt saßen und wurden -zumindest in einigen Stadtteilen- von der jubelnden Menge willkommen geheißen. Einer hinter dem anderen rollten sie über die Hauptstraßen der besetzten Stadt und machten deutlich: Jetzt haben wir hier das Sagen, dank unserer überlegenen Waffen. Misstrauen dominiert auf beiden Seiten: Die einen wissen nicht, was sie von den anderen zu erwarten oder zu befürchten haben, die Marines rechnen noch mit „Widerstandsnestern" und Selbstmordattentätern, die Bewohner der Hauptstadt fragen sich: Was kommt nach dieser Befreiung? Was wollen sie von uns?

Bilder wurden ausgestrahlt, die voller Symbolgehalt waren: Lachende Kinder am Straßenrand, die die Amerikaner mit dem Victory-Zeichen begrüßen; die Statue Saddam Husseins, die von ihrem Podest gestürzt wird und noch einen Augenblick im Fall innehält, mit zum Gruß ausgestreckten Arm; Soldaten, die ein Sonnenbad im Palastgarten des Diktators nehmen (obwohl am Himmel Bagdads keine Sonne scheint). Bilder, die deutlich machen sollten: Wir haben das irakische Volk und die Welt von einem Gewaltherrscher befreit.

Ganz anders gestaltete sich der Einzug in eine andere Stadt, nur 900 Kilometer Luftlinie von Bagdad entfernt. Auch dort waren die Leute auf die Straße gelaufen, um zu sehen, wer da kam, aber ihr Jubel war fraglos, ungebrochen. Denn dort kam ja der, von dem sie schon so viel gehört hatten, der einen Toten, Lazarus, wieder lebendig gemacht hatte. Ihn wollten sie sehen und bestaunen, Zeugen dessen werden, was er bestimmt auch in ihrer Stadt tun würde. Wie einen König wollten sie ihn begrüßen,

[47] Predigt über Johannes 12,12-19 am Palmsonntag 2003 in Mexiko, Predigtreihe I.

deshalb nahmen sie Palmzweige und liefen ihm entgegen. Angst brauchten sie vor ihm bestimmt nicht zu haben, denn er führte ja keines der Abzeichen der Macht mit sich, die Könige sonst bei sich haben, Waffen fehlten ihm vollständig. Ungeschützt kam er daher, selbst ohne Panzerhemd, er schien sich darauf zu verlassen, dass ein anderer ihn schützte.

Und worauf saß er da? Ja, war das denn möglich? Einen Esel hatte man ihm als Reittier gegeben, war denn sonst wirklich nichts anderes zur Hand gewesen? Da hätten aber seine Anhänger besser vorsorgen sollen oder pfiffiger agieren, ein Esel war doch eines Königs nicht würdig! Da musste man sich ja fast für schämen, war denn in der ganzen Umgebung von Jerusalem kein Pferd aufzutreiben gewesen? Aber der Mann schien ganz zufrieden auf seinem Tier zu sitzen, nun denn, was tat es letztlich zur Sache, Hauptsache, er war endlich da und man konnte ihn mit eigenen Augen bestaunen. „Hosianna, hilf uns doch! Gelobt sei, der da kommt im Namen des Herrn, der König von Israel!“

Was sie nicht wussten, war, dass er sich mit Bedacht den Esel ausgesucht hatte. Ganz deutlich sollte werden: Ich bin kein Herrscher wie die anderen, die ihr kennt. Ich baue nicht darauf, euch zu beeindrucken und einzuschüchtern. Ich wähle mir das Tier der armen Leute, das es gewöhnt ist, Lasten zu tragen, so wie ich auch eine Last trage. Ich nehme den Esel, der schon Zeuge meiner Geburt war und mich dann bis nach Ägypten trug. Und noch einen anderen Grund habe ich, der Prophet Sacharja hat es verheißen: „Fürchte dich nicht, du Tochter Zion! Siehe, dein König kommt zu dir, ein Gerechter und ein Helfer, arm und reitet auf einem Esel, auf einem Füllen der Eselin.“ So will ich sein! Tun, was recht ist und euch befreien von der Angst, die euch gefangen hält. „Hosianna“ höre ich euch rufen, ja, ich möchte euch helfen, wenn ihr euch meine Hilfe gefallen lasst...

Johannes, der Evangelist, schildert es so:

„Als am nächsten Tag die große Menge, die aufs Fest gekommen war, hörte, dass Jesus nach Jerusalem käme, nahmen sie Palmzweige und gingen hinaus ihm entgegen und riefen: Hosianna! Gelobt sei, der da kommt in dem Namen des Herrn, der König von Israel! Jesus aber fand einen jungen Esel und ritt darauf, wie geschrieben steht (Sacharja 9,9): »Fürchte dich nicht, du Tochter Zion! Siehe, dein König kommt und reitet auf einem Eselsfüllen.« Das verstanden seine Jünger zuerst nicht; doch als Jesus verherrlicht war, da dachten sie daran, dass dies von ihm geschrieben stand und man so mit ihm getan hatte.
Das Volk aber, das bei ihm war, als er Lazarus aus dem Grabe rief und von den Toten auferweckte, rühmte die Tat. Darum ging ihm auch die Menge entgegen, weil sie hörte, er habe dieses Zeichen getan. Die Pharisäer aber sprachen untereinander: Ihr seht, dass ihr nichts ausrichtet; siehe, alle Welt läuft ihm nach."

Um Leben und Tod ging es damals. Denn das war das Besondere an Jesus, dass er den Tod besiegt und seinen Freund Lazarus auferweckt hatte, nachdem er schon vier Tage im Grab gelegen hatte. Wer dazu fähig war, konnte auch alles andere vollbringen. So wurde er von der Volksmenge als König des Lebens begrüßt, an den sich viele und unterschiedliche Erwartungen knüpften: Dass er die kranke Tochter heilen könnte, dass er für ein besseres Leben aller sorgen und die verhassten Römer aus dem Land jagen würde, dass er vielleicht sogar bewirken könnte, dass keiner mehr sterben musste und alle ewig lebten.

Gleichzeitig ging es beim Einzug nach Jerusalem aber auch auf Leben und Tod. Schon hatten die religiösen Führer, die seine Feinde waren, beschlossen, ihn zu töten, weil er das Volk hinter sich hatte und die Römer einen Aufstand befürchten mussten. So weit wollten sie es nicht kommen lassen, denn dann würden auch sie entmachtet werden, weil sie nicht für Ruhe und Ordnung gesorgt hatten. Aber noch konnten sie nichts tun, sie mussten einen günstigen Moment abwarten, denn sie durften die Volksmenge, die jetzt Jesus einen triumphalen Empfang bereitete, nicht provozieren und gegen sich aufhetzen. In Geduld mussten sie sich üben und dann gezielt handeln...

Jesus wusste, was ihm blühte. Ihm war klar, dass er zum letzten Mal in diese Stadt kam und sich hier in Kürze alles zuspitzen und entscheiden würde. Am Tag vorher hatte er noch gesagt, als Maria seine Füße mit dem kostbaren Öl salbte: „Sie hat dieses Öl für den Tag meines Begräbnisses aufbewahrt. Lange habt ihr mich nicht mehr bei euch.“ Wie alles genau vor sich gehen würde, wusste er nicht, das lag in der Hand seines Vaters. Er sah sich selbst als ein Weizenkorn, das ausgesät wird und in die Erde fällt. Damit Neues entstehen kann, muss dieses Korn vergehen, aber aus ihm wird eine Ähre mit vielen neuen Körnern wachsen, die Leben geben. So würde, auch wenn er starb, am Schluss neues Leben stehen. „Wer leben will wie Gott auf dieser Erde muss sterben wie ein Weizenkorn, muss sterben, um zu leben...“

Kehren wir noch einmal zu den Menschen zurück, die Jesus vor den Stadttoren Jerusalems zujubeln. Mir fällt auf, wie wenig das zusammenpasst: Ihre begeisterten Schreie - und sein Schweigen, ihre gesteigerte Aktivität - und seine Passivität, ihre hochgesteckten Erwartungen an ihn - und seine Bereitschaft, nur Gottes Willen zu tun. Jesus hält weder eine Ansprache, noch macht er Versprechen oder teilt Geschenke aus, er lässt die Begrüßung durch die Menge nur einfach geschehen oder, mehr noch, über sich ergehen. Nur der Esel ist seine eigene Entscheidung, der aber nicht passen will zu dem Bild, das sich die Leute von ihm als König machen. Er provoziert sie fast durch dieses Reittier, so als wollte er sie nachdenklich machen; aber dafür ist keine Raum in all dem Trubel und der Aufregung.

Die Dissonanz zwischen Jesus und den Leuten ist beängstigend und wird bald für alle hörbar werden. Das Umschlagen der Begeisterung ist vorprogrammiert, und wir wissen, dass es nicht mehr lange dauern wird, bis dieselben Menschen enttäuscht und zornig „Kreuzige ihn“ schreien werden. Der Schatten des Kreuzes fällt schon über diese eigentlich fröhliche Szene und lässt uns die Einsamkeit Jesu inmitten all der Menschen, die ihn umgeben, erahnen.

Wie gut, dass wir nicht so sind wie diese Leute! Wir hätten nicht „Ans Kreuz mit ihm“ gerufen. Sicher, schon deshalb nicht, weil wir wissen, wie es weitergegangen ist und dass Jesus Gottes Sohn ist. Aber ich erlebe bei mir und bei anderen schon, dass Jesus und Gott anders handeln, als wir es uns wünschen würden und dass unsere

Erwartungen von ihm enttäuscht werden.

Viele haben in den Tagen des Krieges im Irak gefragt: Warum lässt Gott das zu? Warum tut er nichts dagegen, dass die Amerikaner Wohngebiete bombardieren und zahllose Menschen töten oder verletzen? Wo ist er, wenn in den Krankenhäusern Verwundete wimmern, wenn ihre Angehörigen sich ohnmächtig fragen, was das mit dem 11. September zu tun hat und die Ärzte verzweifeln, weil ihr Kampf gegen den Schmerz und den Tod aussichtslos ist? - Auch bei jedem und jeder einzelnen von uns gibt es immer wieder Momente, wo wir uns fragen, ob der Verlust und die Trauer, die wir erleben, wirklich Gottes Wille sind. Wir wünschen so sehr, dass Gott das verhindern würde. Er tut das nicht. Aber er lässt uns auch nicht alleine in unserer Verzweiflung, sondern setzt sich neben uns und nimmt unsere Hand. Er hört zu und versucht, unseren Schmerz zu lindern. Wir können mit ihm reden, ihn um Hilfe bitten oder auch anschreien, und er gibt uns nicht auf. Er schreckt vor keinem Leid zurück, weil er es am eigenen Leib erfahren hat. Anders ist er da als wir dachten, weniger mächtig, aber uns näher, vertrauter, menschlicher. Einer, der die Niedrigkeit nicht scheut.

Da kommt er heran, der Eselskönig. Wo stehen wir? Wie empfangen wir ihn? Sind wir vorbereitet für sein Anderssein?

Lasst uns in dieser Woche seinen Weg zum Kreuz und durch den Tod mit vollziehen, Schritt für Schritt. Lasst uns mit ihm hinabsteigen und dann aufstehen zu neuem Leben. Gott helfe uns dabei, Jesus in unseren Herzen zu empfangen.
Amen.

Unterm Kreuz[48]

Liebe Schwestern und liebe Brüder!

Jesus hängt am Kreuz. Er stirbt nicht allein, sondern vor den Augen aller. Unter seinem Kreuz stehen ganz verschiedene Menschen: Leute aus dem Volk, die Hohenpriester, die Soldaten - und Menschen, die Jesus lieben. Jeder reagiert auf seine Weise auf den Gekreuzigten, der seinen Todeskampf kämpft: Viele sind mit sich selbst beschäftigt und kümmern sich nicht um das Leiden Jesu. Die ihm nahe stehen, sind bis ins Innerste aufgewühlt und verzweifelt. Etwas von ihnen stirbt zusammen mit diesem geliebten Menschen.

Hören wir nun, wie Johannes das erzählt:

„Sie nahmen Jesus aber, und er trug sein Kreuz und ging hinaus zur Stätte, die da heißt Schädelstätte, auf hebräisch Golgatha. Dort kreuzigten sie ihn und mit ihm zwei andere zu beiden Seiten, Jesus aber in der Mitte.

Pilatus aber schrieb eine Aufschrift und setzte sie auf das Kreuz; und es war geschrieben: Jesus von Nazareth, der König der Juden. Diese Aufschrift lasen viele Juden, denn die Stätte, wo Jesus gekreuzigt wurde, war nahe bei der Stadt. Und es war geschrieben in hebräischer, lateinischer und griechischer Sprache.

Da sprachen die Hohenpriester der Juden zu Pilatus: Schreib nicht: Der König der Juden, sondern, dass er gesagt hat: Ich bin der König der Juden. Pilatus antwortete: Was ich geschrieben habe, das habe ich geschrieben.

Als aber die Soldaten Jesus gekreuzigt hatten, nahmen sie seine Kleider und machten vier Teile, für jeden Soldaten einen Teil, dazu auch das Gewand. Das war aber ungenäht, von oben an gewebt in einem Stück. Da sprachen sie untereinander: Lasst uns das nicht zerteilen, sondern darum losen, wem es gehören soll. So sollte die Schrift erfüllt werden, die sagt (Psalm 22,19): ‚Sie haben meine Kleider unter sich geteilt und haben über mein Gewand das Los geworfen.‘ Das taten die Soldaten.

Es standen aber bei dem Kreuz Jesu seine Mutter und seiner Mutter Schwester, Maria, die Frau des Klopas, und Maria von Magdala. Als nun Jesus seine Mutter sah und bei ihr den Jünger, den er lieb hatte, spricht er

[48] Predigt über Johannes 19,16-30 am Karfreitag 2010 in Lübeck, Predigtreihe I., veröffentlicht bei den Göttinger Predigten im Internet am Karfreitag 2009 in einer leicht abweichenden Version

zu seiner Mutter: Frau, siehe, das ist dein Sohn! Danach spricht er zu dem Jünger: Siehe, das ist deine Mutter! Und von der Stunde an nahm sie der Jünger zu sich.

Danach, als Jesus wusste, dass schon alles vollbracht war, spricht er, damit die Schrift erfüllt würde: Mich dürstet. Da stand ein Gefäß voll Essig. Sie aber füllten einen Schwamm mit Essig und steckten ihn auf ein Ysoprohr und hielten es ihm an den Mund. Als nun Jesus den Essig genommen hatte, sprach er: Es ist vollbracht! und neigte das Haupt und verschied."

Da sind zum einen die Hohenpriester: Sie haben erreicht, was sie wollten, denn der lästige und gefährliche Prediger ist unschädlich gemacht und kann ihre Position nicht mehr gefährden. Eigentlich müssten sie sich jetzt zufrieden zurücklehnen. Aber nein: Stattdessen werden sie bei Pilatus vorstellig und beschweren sich darüber, dass er als Grund für die Verurteilung auf das Kreuz hat schreiben lassen „Jesus von Nazareth, der König der Juden". Und das noch in drei Sprachen, so dass nun alle Welt versteht, wer dieser Verurteilte ist. Pilatus lässt sich diesmal nicht von ihnen manipulieren, sondern lässt sie abblitzen mit den Worten „Was ich geschrieben habe, das habe ich geschrieben." Hier wird nichts mehr verändert, die Kreuzesüberschrift bleibt, wie sie ist.

Damit bekommt Pilatus eine neue Rolle: Er ist nicht mehr nur der, unter dem Jesus leidet und der ihn verurteilt, sondern er wird wider Willen zum ersten Missionar Jesu Christi: Ausgerechnet durch ihn erfährt die ganze Welt, dass Jesus der wahre König der Juden ist. Gott nimmt ihn in seinen Dienst und sagt durch ihn allen Menschen: Jesus ist der Herrscher und nicht der Kaiser in Rom.

Zum Kreuz Jesu kommen auch drei Frauen, die ihm besonders nahe stehen, unter ihnen ist Maria, seine Mutter. Von den Jüngern traut sich nur einer, sich öffentlich zu zeigen, die anderen haben sich versteckt aus Angst davor, wie Jesus gekreuzigt zu werden, wenn sie als seine Sympathisanten identifiziert würden. Da stehen nur die drei Marien zusammen mit dem Lieblingsjünger zu Füßen des Kreuzes. Jesus sieht sie und spürt, wie traurig sie sind und wie sehr sie leiden. Sie leiden mit ihm in seinem Todeskampf, und gleichzeitig trauern sie darüber, dass sie bald allein sein werden, für immer ohne ihn. Er kann ihnen ihren Schmerz nicht wegnehmen. Aber er will sie auch nicht der Verzweiflung überlassen. Sie sollen nicht in einem Meer der Traurigkeit versinken. So vertraut er in einer Geste der Zärtlichkeit seine Mutter und den Jünger Johannes einander an: „Frau, siehe, das ist dein Sohn", sagt er zu Maria. Und zu dem Jünger: „Siehe, das ist deine Mutter." Und sie verstehen ihn. Er sorgt ab jetzt für sie wie für eine Mutter, und sie sorgt für ihn wie für einen Sohn. Sie haben einander, um zusammen zu weinen, sich an Jesus zu erinnern, um sich zu trösten und einander in praktischen Dingen zu helfen. Sie sind nicht mehr allein, einer steht für den anderen ein. Das ist ein Vermächtnis, das Jesus ihnen hinterlässt.

In Jesu Worten wird sichtbar, dass in der Familie Gottes nicht mehr die Blutsbande zählen. Sohn sein oder Mutter sein hat nichts mit den Verwandtschaftsverhältnissen zu tun, sondern damit, wer zu Jesus gehört und an ihn glaubt. Dieses Band, das durch den Glauben entsteht, ist noch stärker als die Familienbeziehungen, in die wir hineingeboren werden. Christinnen und Christen verstehen sich als Schwestern und Brüder, als Eltern und Kinder, von denen einer für den anderen da ist. So nimmt der Jünger Johannes Maria zu sich, und sie leben als Familie zusammen.

Nachdem Jesus die, die ihm am liebsten sind, aneinander gewiesen hat, kann er in seinen Tod einstimmen. Die Sorge um die, die ihm nahe sind, ist gemildert, er weiß, dass sie auch ohne ihn nicht ganz alleine sein werden. Jetzt kann er loslassen und gehen.

Hier ist Jesus ganz menschlich. Wenn wir spüren, dass wir sterben müssen, fällt es uns schwer loszulassen, solange wir uns nicht von den Menschen, die uns am wichtigsten sind, verabschiedet haben. Oft möchten wir das Versprechen hören, dass einer sich des anderen annimmt, so wie wir es bisher getan haben, damit unsere Lieben nicht ganz alleine bleiben. Erst wenn wir diese Dinge geordnet haben und darauf vertrauen können, dass die anderen nicht alleine und schutzlos bleiben, können wir uns endgültig verabschieden.

Als Jesus merkt, dass der Tod unmittelbar bevorsteht, sagt er: „Es ist vollbracht!" Das sind nach dem Johannesevangelium seine letzten Worte, mit denen er in das, was geschieht, einstimmt. Sein Leben endet nicht mit einem verzweifelten Schrei nach Gott, auch nicht mit dem Gefühl, dass Gott ihn am Schluss im Stich gelassen hat, sondern mit dem versöhnlichen „Es ist vollbracht!" Jesu Tod ist kein Scheitern, sondern die Erfüllung seines Auftrags. Er hat getan, was seine Aufgabe war, jetzt ist alles an sein Ende gekommen und etwas ganz Neues kann beginnen. Jesus hat vollbracht, was sein Vater von ihm wollte.

Jesus hängt zwar am Kreuz und wirkt ohnmächtig, der Macht der anderen ausgeliefert, aber trotzdem lässt er sich davon nicht besiegen. Er bleibt souverän. Das Kreuz ist für ihn kein Symbol der Erniedrigung, sondern nur ein Schritt in dem Plan, den Gott mit ihm hat. Jesus lässt sich das Heft nicht aus der Hand nehmen. Obwohl er stirbt, siegt er zuletzt über den Tod. Das wird nicht erst bei seiner Auferstehung greifbar, sondern schon in der Souveränität seines Todes.

Zum Kreuz Jesu kommen verschiedene Menschen, die ihm nahe stehen, und solche, denen sein Leiden gleichgültig ist. Was ist mit uns? Wo würden wir stehen? Nahe dran oder weiter weg? Im Mittelalter malten sich die Maler oft selbst unter das Kreuz oder liehen einer der Personen ihre Züge. Sie wollten damit ausdrücken: Das was damals mit Jesus geschehen ist, hat etwas mit mir zu tun. Können wir Heutigen mit dieser Haltung etwas anfangen? Lassen wir uns in Jesu Leidensgeschichte mit einbeziehen, finden wir einen Platz unter dem Kreuz?

Mich rührt an, wie Jesus seine Mutter und seinen Freund tröstet, obwohl er ihnen das Leid nicht wegnehmen kann. Er sorgt sich um sie und zeigt ihnen in wenigen Worten seine Liebe. Ich glaube, er will uns auch heute so trösten, wenn wir einen geliebten Menschen verlieren. Er kann uns Menschen schicken, die uns nahe kommen und trösten. Vielleicht zuerst einmal in ganz kleinen Schritten. Ich denke dabei zum Beispiel an die Trauergruppe aus unserer Gemeinde, zu der Menschen kommen, die einen Angehörigen verloren haben. Sie können dort von ihm und von dem Schmerz über den Verlust erzählen und finden andere, die Ähnliches erlebt haben und sie verstehen. Oft geht es ihnen so, dass sie erleichtert sind, endlich andere gefunden zu haben, die die gleichen Gefühle haben wie sie.

Andere Menschen können uns zur Mutter, zum Sohn oder zur Schwester werden. Und uns kann eine neue Aufgabe zuwachsen: füreinander da zu sein und zu sorgen.

Lassen Sie uns heute am Karfreitag hinschauen auf Jesus, den Gekreuzigten, und aushalten, was wir dort sehen. Und lassen Sie uns schauen auf die, die zu ihm kommen und von ihm berührt werden. So kann Jesus Christus auch uns anrühren und verwandeln.
Amen.

Die Wende – Maria begegnet dem Auferstandenen[49]

Liebe Schwestern und liebe Brüder!

Was ist Auferstehung? Denken Sie dabei an den Engel, der vom Himmel herabkommt und den Stein weg wälzt?

Heute hören wir eine andere Auferstehungsgeschichte. Sie ist leise und zart, schwebend, wie ein Traum, und lässt sich nicht ganz greifen. Sie erzählt von einer innigen Begegnung. Himmlisches und Irdisches berühren einander und durchdringen sich.

Hören wir jetzt, was Johannes im 20. Kapitel seines Evangeliums schreibt:

„Maria aber stand draußen vor dem Grab und weinte. Als sie nun weinte, schaute sie in das Grab und sieht zwei Engel in weißen Gewändern sitzen, einen zu Häupten und den andern zu den Füßen, wo sie den Leichnam Jesu hingelegt hatten. Und die sprachen zu ihr: Frau, was weinst du? Sie spricht zu ihnen: Sie haben meinen Herrn weggenommen, und ich weiß nicht, wo sie ihn hingelegt haben.

Und als sie das sagte, wandte sie sich um und sieht Jesus stehen und weiß nicht, daß es Jesus ist. Spricht Jesus zu ihr: Frau, was weinst du? Wen suchst du? Sie meint, es sei der Gärtner, und spricht zu ihm: Herr, hast du ihn weggetragen, so sage mir, wo du ihn hingelegt hast; dann will ich ihn holen. Spricht Jesus zu ihr: Maria! Da wandte sie sich um und spricht zu ihm auf hebräisch: Rabbuni!, das heißt: Meister!

Spricht Jesus zu ihr: Rühre mich nicht an! Denn ich bin noch nicht aufgefahren zum Vater. Geh aber hin zu meinen Brüdern und sage ihnen: Ich fahre auf zu meinem Vater und zu eurem Vater, zu meinem Gott und zu eurem Gott. Maria von Magdala geht und verkündigt den Jüngern: Ich habe den Herrn gesehen, und das hat er zu mir gesagt.“

Es beginnt mit Trauer und tiefer Verzweiflung: Maria Magdalena steht draußen vor Jesu Grab und weint. Mit dem Tod ihres Meisters und Freundes hat sie den Menschen verloren, der ihr am wichtigsten gewesen ist. Auf ihn hatte sie ihre Hoffnung gesetzt und ihr Leben aufgebaut, nun steht sie vor den Scherben all dessen, an das sie

[49] Predigt über Johannes 20, 11-18 am Ostersonntag 2011 in Lübeck, Predigtreihe V.

geglaubt hatte. Auch noch das letzte, was ihr von Jesus geblieben war, seinen Leichnam, hat sie verloren. Trotzdem bleibt sie vor dem leeren Grab stehen, wahrscheinlich ohne selbst zu wissen, warum. Aber sie harrt aus, unter Tränen, läuft nicht weg. Da sieht sie plötzlich die zwei Engel, die in der Grabeshöhle sitzen. Ihnen vertraut sie ihren Kummer an: „Sie haben meinen Herrn weggenommen, und ich weiß nicht, wo sie ihn hingelegt haben."

Daraufhin wendet sie sich um und sieht jemanden hinter sich stehen. Sie hält ihn für den Gärtner. Aber da ruft er sie bei ihrem Namen: „Maria" und sie dreht sich noch einmal um und erkennt ihn: „Mein Meister". Jesus und Maria erkennen sich. Sie nennen einander beim Namen, einer den anderen. Ich stelle mir vor, dass Jesus eine besondere, unverwechselbare Art hatte, Marias Namen auszusprechen, und dass sie daran merkte, dass nur er es sein konnte, der ihr gegenüberstand. Sie nennt ihn nicht "Jesus", sondern "Meister". In diesen beiden Namen, mit denen sie sich nennen, ist alles ausgedrückt, was Jesus und Maria Magdalena bewegt: ungläubiges Erstaunen, Freude, Glück, Zärtlichkeit, Liebe, Hingabe. Mehr Worte brauchen sie nicht, sie enthalten alles. Sie wissen umeinander.

Nach diesem innigen Moment der Begegnung hält Jesus sie zurück: „Rühre mich nicht an." Vielleicht hatte sie schon die Hand nach ihm ausgestreckt oder er ahnte, dass sie es gleich tun würde – aber das ist nicht möglich. Jesus ist ein anderer geworden, ist kein gewöhnlicher Mensch mehr. Maria kann an dem, was er jetzt ist, keinen Anteil haben. Er befindet sich in einem Dazwischen: Nicht mehr gekreuzigt und tot, aber auch noch nicht bei seinem Vater im Himmel. Sie muss den Abstand, der jetzt zwischen ihnen besteht, akzeptieren. Es ist nicht mehr so wie früher. Er ist derselbe, und doch fremd geworden.

Aber dieses Wort, das sie aufhält und ihr Grenzen setzt, ist nicht das letzte. Maria bekommt einen Auftrag: „Geh hin zu meinen Brüdern und sage ihnen: Ich fahre auf zu meinem Vater und zu eurem Vater." Jesus traut ihr zu, seine Jünger davon zu überzeugen, dass er lebt und zu Gott gehen wird. Maria Magdalena hat ihn als erste von all seinen Vertrauten gesehen und erkannt, sie ist die erste Zeugin der Auferstehung, eine Frau. Und als sie dann zu den Freunden kommt, spricht sie ohne Furcht, voller Überzeugung von ihrer Begegnung mit Jesus und erzählt, was er ihr aufgetragen hat - und die Jünger glauben ihr.

Was ist Auferstehung? In der biblischen Geschichte kommt das Wort „Auferstehung" gar nicht vor, es ist nicht nötig, weil der Gärtner, der Maria begegnet, nur der Auferstandene sein kann, Jesus, den sie wiedererkennt. Aber nicht nur er ist auferstanden, sondern auch Maria. Sie ist am Schluss der Erzählung eine andere geworden, hat sich verändert, ist verwandelt.

Wir hören, dass sie sich zweimal umwendet: einmal, als sie in das Grab hineinschaut und plötzlich spürt, dass jemand hinter ihr steht. Das ist die erste Wende, weg vom Grab und seinem Dunkel, hin zu dem Mann, der ihr im Garten begegnet. Noch ein zweites Mal wendet sie sich um, als der Fremde ihren Namen ruft: „Maria". Erst in diesem Augenblick ist sie bereit für die Begegnung mit Jesus, dem Lebendigen. Ihr Umwenden drückt die Verwandlung aus, die in ihr geschieht. Nach und nach begreift sie immer tiefer und wird im Verlauf der Begegnung mit Jesus eine andere: Am Anfang trauert sie um das Ende von allem, was ihr Leben ausgemacht hatte, dann erkennt sie Jesus wieder und sieht: er lebt. Am Schluss geht sie selbstbewusst zu den anderen Jüngern und Jüngerinnen, um ihnen zu verkünden, dass Jesus auferstanden ist.

Maria ist selbst auferstanden. Ihr Leben hat sich einschneidend verändert, und sie beginnt ganz neu. Was ihr geschieht, hilft uns, uns der Auferstehung anders anzunähern und sie in unserem Leben zu verorten. Was Maria passiert, ist nicht weit entfernt von dem, was wir erleben können.

Ich möchte es noch einmal umschreiben mit den Worten einer Lyrikerin, Hilde

Domin. Das Gedicht heißt:

Nicht müde werden[50]

„Nicht müde werden
sondern dem Wunder
leise
wie einem Vogel
die Hand hinhalten.“

Auch uns können Wunder widerfahren, uns normalen Sterblichen. Das mag auf leise, zarte Weise geschehen. Wir brauchen nur „unsere Hand hinzuhalten”, uns zu öffnen für die Möglichkeit der Verwandlung. Dann wird möglich, dass es geschieht.

Ich denke dabei an ein Paar, das ich kenne. Sie hatten sich nach vielen Jahren der Ehe auseinander gelebt, jeder ging seiner eigenen Wege, es gab nicht mehr genug, was sie miteinander teilten. Einer der Partner fing an, von seiner Enttäuschung über das, was sie einmal gemeinsam gehabt hatten und was ihnen verloren gegangen war, zu sprechen. Dadurch wurde auch der andere gezwungen, sich damit auseinander zu setzen, wie es um ihre Ehe bestellt war und sich der Frage zu stellen: „Will ich diese Beziehung fortführen oder ist es besser, sie zu beenden?” Für beide war es ein schmerzhafter Prozess der Auseinandersetzung, bei dem sie gemeinsam und jeder für sich durch dunkle Tiefen gingen. Nach einer Zeit der Trennung entschieden sich dann beide, dass sie sich für ihre Ehe engagieren und es von neuem miteinander versuchen wollten. Sie hatten die Hoffnung, dass sie einander bereichern und miteinander wachsen könnten, dass sie zusammen etwas Neues schaffen würden. So konnten sie miteinander eine neue Intensität und Gemeinschaft erleben und aus der Zeit der Trauer verwandelt hervorgehen. Die Geschichte einer Auferstehung.

Dem Wunder leise die Hand hinhalten, Wandlungen für möglich halten, so können

[50] Hilde Domin, Hier. Gedichte. Frankfurt a.M. 1990, S. 61

wir Ostern verstehen und in unser Leben hineinnehmen. Sich verwandeln zu lassen wie Maria Magdalena, das ist Auferstehung. Und auch dieses: Begreifen, dass ich gemeint bin, dass ich entscheide, was ich glaube und wofür ich leben will.

Möge Gott uns die Augen öffnen für die leisen Wunder in unserem Leben.

Amen.

Printed by Books on Demand GmbH, Norderstedt / Germany